心理学・教育学研究のための効果量入門

Rを用いた実践的理解

中村大輝
Daiki Nakamura

Introduction to Effect Sizes for Psychology and Education Research

北大路書房

まえがき

近年，多くのジャーナルが帰無仮説検定の結果として p 値だけでなく効果量（effect size）とその信頼区間を報告することを求めています。効果量とは，研究者が関心を持つ事柄の大きさを数量化した指標です。効果量を活用することにはいくつかの利点があります。第一に，帰無仮説検定による効果の有無の二値的な判断を越えて，どの程度の効果があるのかを定量的に示すことができます。第二に，研究間での効果の大きさを比較・統合することができます。第三に，新しい研究を行う際のサンプルサイズの見積もりをも可能にします。このような利点や重要性から，論文において効果量を報告することが必須となってきているのです。例えば，アメリカ心理学会の発行する最新の論文作成マニュアル第7版（American Psychological Association, 2019, p. 89）では，効果量とその信頼区間を報告することが推奨されており，効果量が記載される論文は増加傾向にあります。

しかしながら，効果量に関する情報を理論から実践まで体系的にまとめた和書はこれまでほとんどありませんでした。例えば，様々な種類の効果量からどの指標を使用するのがよいか，効果量をどのように記載し解釈すればよいのかといった問題は，初学者が躓きがちであるにも関わらず，参照できる文献が少ないのが現状です。

そこで本書では，心理学・教育学分野の研究に必要な効果量の理論と実践の両方を体系的に扱うことにしました。具体的には，効果量の定義（第1章），計算方法（第2章～第7章），解釈の方法（第8章），統合の方法（第9章），効果量に基づくサンプルサイズ設計の方法（第10章）を順に紹介します。

本書の読者としては，学部入門レベルの統計基礎（統計検定2級相当）を理解した学生や研究者を想定していますが，高校レベルの数学の素養があれば十分に理解いただけると思います。また，タイトルに「心理学・教育学」とありますが，他分野の方にも幅広く参照いただける内容になっています。

本書では初学者でも理解しやすいように次の3つの工夫を取り入れました。

①　無料の統計ソフトウェアRを用いた計算方法の紹介

すべての効果量に関して数式とそれに対応したRコードを掲載し，実際にコードを実行して計算しながら理解を深められるよう工夫しています。数式については，その計算が何を意図しているのかの解説を添えました。Rコードについては，既存のパッケージを用いない例と用いる例の両方を記載し，数式とRコードの対応関係が理解できるように構成しました。本書に掲載のRコードは出版社のWebサイトからダウンロードできます（https://www.kitaohji.com/news/n59109.html）。

②　効果量の解釈方法と報告の記載例の紹介

効果量の計算方法だけでなく，その解釈方法や論文で報告する際の記載例を掲載することで，初学者でも効果量を活用した研究を実践できるよう工夫しています。その際，心理学・教育学分野の事例を用いることでイメージが摑みやすいようにしました。

③　効果量を活用した応用分析の紹介

既存の研究から得られた効果量を統合するメタ分析や，効果量を基に新しい研究のサンプルサイズを見積もる検定力分析など，効果量に関する応用例や最新の情報を多数紹介しています。

本書の活用方法としては，第1章から順番に読み進める方法と，興味のある効果量のページだけを読む方法の2パターンが想定されます。どちらの場合でも，統計ソフトウェアRを用いた分析事例を体験することで，理解を深めることができます。本書が効果量について学習する読者の助けになるとともに，心理学・教育学分野全体の研究の質の向上に貢献することを祈っております。

最後になりますが，本書の執筆にあたり多くの方からお力添えをいただきました。本書における誤りや不備は著者の責任であることを明記の上，この書籍の制作にご協力いただいたすべての方々に深く感謝申し上げます。特に，慶應義塾大学の平石界先生，関西学院大学の清水裕士先生，東京大学の南風原朝和先生，大阪公立大学の武藤拓之先生，早稲田大学の中村咲太先生からは，専門的な知見に基づく多大なご助言をいただきました。そして何よりも，この長い執筆の旅路を陰ながら支えてくれた妻の美紗に心からの感謝を捧げます。

2024 年 11 月

中村　大輝

心理学・教育学研究のための効果量入門――目　次

第1章

イントロダクション

本章では，効果量の定義を確認した上で，効果量を使用することにどのようなメリットがあるのかを紹介する。また，効果量にはどのような種類のものがあるのかを概観した上で，効果量の推定において推定量が持つべき望ましい性質について検討する。

1.1　効果量とは何か

心理学・教育学の分野では論文において**効果量**（effect size）を報告することが求められるようになってきている。研究方法に関するテキストを見ても，効果量の記載を推奨するものが多い。その一方で，そもそも効果量とは何かという定義を述べた文献は非常に少ない（Dragicevic, 2020）。誰もが定義を気にすることなく使っている効果量という用語は何を意味するものだろうか。

数少ない例を探せば，初期の定義は効果量という言葉を広めたJacob Cohenの1977年の著作に見ることができる。

> Without intending any necessary implication of causality, it is convenient to use the phrase "effect size" to mean "the degree to which the phenomenon is present in the population," or "the degree to which the null hypothesis is false." (Cohen, 1977, pp. 9–10)
> （著者訳）因果関係を意味するものではないが，「効果量」という言葉は，「現象が母集団に存在する程度」あるいは「帰無仮説が偽である程度」を意味するものとして使うことが有用であろう。

この記述からは，Cohen が効果量を「**現象が母集団に存在する程度**」や「**帰無仮説が偽である程度**」として捉えていたことが読み取れる。この表現の意味を正確に理解するためには，Neyman-Pearson 流の**統計的帰無仮説検定**（Null Hypothesis Significance Testing: **NHST**）の枠組みを考えることが必要だ。NHST の枠組みにおいて，帰無仮説はある現象が存在しない状態を表す仮説，対立仮説はある現象が存在する状態を表す仮説として設定されることが多い。例えば，ある病気の発症率の性差を検討する場合，性別間で発症率に差がないという帰無仮説は，発症率の性差という現象が存在しないという状態を表現している。他方で対立仮説は現象が存在する状態を表し，その強度が効果量として量的に表現されるのである。別の言い方をすれば，効果量は帰無仮説が偽である程度を表現している。ある現象が存在しないという仮説の確からしさが低くなるほど大きな値を示す指標を効果量として採用するのである。

効果量の定義に言及した最近の文献では，「効果量とは単に**研究者が関心を持つ事柄の大きさ**である（原文：An effect size is simply the size of anything that may be of interest.)」と定義されている（Cumming, 2012, p. 34)。Cohen の定義と異なり，現象の実在性を問題とせず研究者が関心を持つ対象の大きさとして位置付けている点や，NHST の枠組みに依存していない点が特徴的である。このように定義される効果量は広義の効果量（broad sense of effect size）と呼ばれ，NHST の枠組みに深く関連した狭義の効果量（narrow sense of effect size）の定義とは区別されることがある（Dragicevic, 2020)。狭義の効果量では，測定単位に依存しない形で表現される**標準化効果量**（e.g., 標準化平均値差）のみを扱う。標準化効果量の多くは NHST における検定統計量と対応関係にある。それに対して，広義の効果量では，測定単位に依存する**非標準化効果量**（e.g., 平均値差）も効果量として扱う。一部の文献では狭義の効果量のみを効果量の定義として記載しているが（Everitt & Skrondal, 2010; Ialongo, 2016)，この背景には，標準化効果量の方が測定単位に依存しないため研究間で比較しやすいという考えがあると推察される。Ives（2003）は理想的な効果量の特徴として，次の 3 点を挙げている。

1. 結果の実質的な有意性を測るものである
2. 標本サイズに依存しない
3. 測定単位に依存しない

このうち，1番目，2番目の特徴は基本的に標準化・非標準化効果量の両方が持つ性質である。NHSTでは効果量が同じであっても標本サイズによって有意であるかの判断が変わってくるが，効果量は標本サイズに依存せず効果を表現することができる。3番目の特徴は標準化効果量のみが持つ性質であり，測定単位に依存しない（metric free）という性質は研究の比較・統合の容易性や，検定力を分析する際の利便性などから重宝される。しかしながら，元の測定単位に意味のある状況では，標準化効果量より非標準化効果量の方が好まれることもある（Wilkinson & Task Force on Statistical Inference, 1999, p. 599）。また，複数の標本統計量を用いて算出される標準化効果量は，単一の標本統計量を用いて算出される非標準化効果量と比べて不確実性が増加するという理由で使用に反対する意見も存在する（Cummings, 2011）。例えば，性別間で平均身長を比べる場合，標準化効果量（標準化平均値差）はメートルやセンチメートルといった測定単位に依存せず，標準偏差を単位とする比較可能な情報を提供する。その一方で，標準化効果量だけでは性別間でどれくらいの身長差があったのかがすぐには解釈しづらいことに加え，標本から算出された標準偏差を計算に使用することは真の身長差を推定する上での不確実性を増加させることになる。

Jacob Cohen以降の効果量の定義についてレビューしたPreacherとKelleyは，標準化効果量が非標準化効果量よりも常に優先されるとは限らないことから，両者を含めた広義の効果量の定義を採用することを推奨している（Kelley & Preacher, 2012; Preacher & Kelley, 2011）。また，Pek & Flora（2018）は，目的に応じて標準化効果量と非標準化効果量を使い分けることの重要性を指摘している。研究の目的に応じて適切な種類の効果量を使い分けることは研究者が関心を持つ効果を読者に伝える上で重要である。

以上の議論を踏まえると，効果量の定義としては広義の定義を採用することが妥当だと考えられ，本書も非標準化効果量と標準化効果量の両方を効果量として扱う。なお，非標準化効果量という表現は標準化効果量の劣化版という誤った印象を与える可能性があることから，単純効果量（simple effect size）という表現を用いるべきだという主張も存在するが（e.g., Baguley, 2009），このような表現は少なくとも日本語圏ではあまり普及していないことから，本書では採用しない。効果量の定義に関するその他の議論については，Dragicevic（2020）や Kelley & Preacher（2012）などを参照されたい。

1.2　効果量を利用するメリット

効果量を利用することにはどのようなメリットがあるのだろうか。Lakens（2013）は効果量のメリットとして次の 3 点を挙げている。

1. 効果の大きさを示すことができる
2. 研究間で効果の大きさを比較・統合することができる
3. 過去の研究の効果量は，新しい研究を行う際の検定力分析に利用することができる

Lakens はこれらのメリットを標準化効果量を前提として挙げているが，同様のメリットは非標準化効果量にも当てはまる。効果量を利用するメリットの 1 つ目は，従来の NHST における帰無仮説が棄却できるかどうかの議論を超えて，**どの程度の効果があるのかを定量的に示すことができる点**にある。近年は *p*-hacking をはじめとする問題のある研究実践（Questionable Research Practices: QRPs）が再現性低下の一因となっていることが指摘されているが（John et al., 2012; Simmons et al., 2011），NHST による「効果の有無の議論」から効果量による「効果の程度の議論」へシフトすることで，このような問題の部分的な解決に貢献できる可能性がある[1]。本書では第 3 章から第 7 章にかけて NHST の各モデルに対応した様々な効果量を紹介し，第 8 章ではその解釈と効果の程度の議論の方法を検討する。

1　ただし，効果量の解釈を誤った場合，再現性の低下を引き起こす可能性がある。詳細は，本書の第 8 章を参照されたい。

2つ目のメリットとして，効果量は同じ効果を表していて単位が共通であれば，研究間で比較・統合することができる。例えば，今回得られた効果量が過去の研究と比べて大きいものなのかを比較することが考えられる。また，メタ分析のような効果量を量的に統合する方法は，母効果量や効果量の分布に関するより精度の高い推測を可能にする。心理学・教育学分野の研究の多くは人を対象とするという特徴から，サンプルサイズを大きくすることが難しい場合が多いため，メタ分析によってより信頼性の高い知見を得ることは重要である。本書では第9章においてメタ分析による効果量の統合方法を紹介する。

3つ目のメリットとして，研究によって蓄積された効果量の分布に関する情報は，新たな研究を行う際の検定力分析やサンプルサイズ設計に活用することができる。本書では第10章において検定力分析によるサンプルサイズ設計の方法を紹介する。

以上のように，研究において効果量を利用することには複数のメリットがあり，論文において報告することが推奨されている。

1.3　効果量の種類

効果量には様々な種類が提案されており，一説によればその数は70を超える（Kirk, 2005, p. 533）。多様な効果量が存在するのは，研究デザイン，測定尺度，仮定するモデルなどによって何を効果の指標と見なすかが様々に想定されるためである。このような多数の効果量は長い時間をかけて様々な種類が提案されてきたものであって，一定の時期にまとめて提案されたものではない（Huberty, 2002）。最近でも新たな効果量は提案され続けている（e.g., Ben-Shachar et al., 2023）。

効果量には様々な種類があるが，d族（d family）とr族（r family）に大別する分類がよく用いられる（Rosenthal, 1994, p. 234）。基本的に，d族の効果量は群間の平均値差に関する指標であり，r族の効果量はモデルで説明される分散の割合に関する指標である。このような分類は大まかな効果量の種類と共通した性質を整理する上では有用だが，これらの種類に当てはまらない効果量が存

表 1-1　代表的な効果量の種類

章	種類	母効果量（母数）	標本効果量	
			偏りのある推定量	偏りの少ない推定量
3章	平均値差（1群） 平均値差（独立2群） 平均値差（対応2群）	δ_c δ_s δ_z	d_c d_s (Cohen's d_s) d_z (Cohen's d_z)	$\widehat{\delta_c}$ $\widehat{\delta_s}$ (Hedges' g) $\widehat{\delta_z}$
4章	信号比 決定係数 偏決定係数 一般化決定係数	ϕ ρ^2 ρ_p^2 ρ_G^2	f（Cohen's f） $\widehat{\eta^2}$ $\widehat{\eta_p^2}$ $\widehat{\eta_G^2}$	$\hat{\phi}$ $\widehat{\epsilon^2}, \widehat{\omega^2}$ $\widehat{\epsilon_p^2}, \widehat{\omega_p^2}$ $\widehat{\epsilon_G^2}, \widehat{\omega_G^2}$
5章	相関	ρ	r (Pearson's r)	$\hat{\rho}$
6章	連関	ρ_v	r_v (Cramér's V)	$\widehat{\rho_v}$

在することや，本書の効果量の定義が非標準化効果量を含む広義の定義を採用していることを踏まえ，今回は採用しない。代わりに，より細かい効果量の分類に基づき，本書で扱う代表的な効果量の種類を表 1-1 のように整理した。

表 1-1 に示した効果量は，次章以降で具体的な計算法を紹介する。第 3 章では，平均値と定数の差，あるいは 2 つの平均値間の差を表す効果量について検討する。これらの効果量は t 検定と対応関係にある。第 4 章では，平均値間の差を 3 群以上に拡張した上で，線形モデルによって説明される分散の割合を表す効果量について検討する。これらの効果量は分散分析の F 検定と対応関係にある。第 5 章では，2 つの量的変数の相関の程度を表す効果量について検討する。相関の効果量は，相関係数の検定と対応関係にある。第 6 章では，2 つの質的変数の連関の程度を表す効果量について検討する。連関の効果量は，分割表のカイ二乗検定と対応関係にある。

実際にはこの他にも様々な効果量が提案されており，本書で紹介するのは代表的な効果量の一部に過ぎない。しかしながら，代表的な効果量の特徴を知ることは，新たな効果量を学ぶ際の基礎としても有益である。

1.4　効果量の推定の基礎

推測統計の枠組みでは，母集団から得られた標本のデータを利用して，母集団における母数を推測する。この時，母数を推定するために使われる確率変数の関数を推定量（estimator）と呼び，その実現値を推定値（estimate）と呼ぶ。特に，効果量の文脈では，母集団における効果量を**母効果量**（population effect size），標本に基づく推定量を**標本効果量**（sample effect size）と呼んで区別する。

推定量はどのような統計量でも良いわけではなく，推定量が持つべき望ましい性質がいくつか考えられる。1 つ目は，**一致性**（consistency）であり，サンプルサイズを無限に大きくすることで推定量が母数に確率的に収束するという性質である。本書で紹介する標本効果量は基本的にこの性質を満たすものである。2 つ目は，**不偏性**（unbiasedness）であり，推定量の期待値が母数に一致するという性質である。不偏性を持つ推定量が複数考えられる場合，その中でも推定量の分散が小さい方が有効性が高く望ましいと考えられる。このような推定量の分散が最も小さくなる不偏推定量を**一様最小分散不偏推定量**（Uniformly Minimum Variance Unbiased Estimator: UMVUE）と呼ぶ[2]。本書では基本的に，母効果量をギリシャ文字，不偏性を持たない標本効果量をアルファベット，不偏性を持つ標本効果量をギリシャ文字に ^（ハット）を付けた記号で表現する。表 1-1 も一部の例外を除いてこの記法に従っている。

ここまで，母効果量を点推定する際の推定量が持つべき性質について説明してきたが，母集団が特定の確率分布に従うと仮定することで区間推定を行うこともできる。これは，効果量の推定に関する不確実性を解釈する上で有用である。また，任意の危険率 α に対応した**信頼区間**（confidence interval）を構成することで，NHST の結果と対応した解釈が可能になる。このような有用性から，本書では母効果量の点推定だけでなく区間推定を行う方針を採用する。第 3 章から第 7 章にかけて紹介する効果量について，それぞれ点推定と区間推定の方

2　ある推定量が UMVUE（ユーエムブイユーイー）であることを示すには，例えば，その推定量がクラメール・ラオの下限に到達していることを示せばよい。詳しくは，久保川（2017）などを参照。ただし，UMVUE は常に存在するとは限らない。また，そもそも不偏性は望ましい推定量の 1 つの観点に過ぎず，常に優先されるとは限らない。

法を解説する。

1.5 ソフトウェアの準備

効果量について学習する上では，コンピューターを使用して効果量を計算したり，シミュレーションによって効果量の持つ性質を調べることが有効である。そこで本書では，無料の統計ソフトウェアであるRを使用して分析を行うためのコードを本文中に掲載する。ぜひ自身のコンピューターにRをインストールして，内容を確かめながら読み進めていただきたい。RはRStudioというソフトウェアを介して実行した方が操作性が高いため，RStudioをインストールすることも併せて推奨する。RおよびRStudioの基本的な操作方法については関連する書籍を参照されたい。Web上にはRの操作に関する様々な解説が公開されているため，それらを参照することもできるだろう。

Rはデフォルトでも様々な計算を行うことができるが，追加のパッケージをインストールすることで，様々な機能を追加できる。特に，本書では{effectsize}と呼ばれる効果量計算のためのパッケージ（Ben-Shachar et al., 2020）を多用するため，以下のコードを実行してインストールを行ってほしい。一度インストールを行えば，次回以降は再度インストールを行う必要がなくなる。

```
install.packages("effectsize") # パッケージのインストール
packageVersion("effectsize")   # パッケージのバージョンの確認
```

```
[1] '0.8.9'
```

次章以降，Rコードを灰色の四角，その実行結果を白色の四角で示す。本書で使用したRコードについては，以下のURLでも公開する。

https://www.kitaohji.com/news/n59109.html

第2章 平均値と推測統計の基礎

本章では，多くの読者にとってなじみが深い指標であろう**平均値**（相加平均）が効果量として解釈可能であることを示した上で，正規母集団[1]からの無作為抽出によって得られた標本を用いて母平均μの点推定・区間推定を行うことを通して，推測統計の基礎を確認する。

2.1 効果量としての平均値

ある研究においてn個の観測値$X_1, X_2, \dots, X_n$が得られたとき，標本平均は(2.1) 式で計算できる。

$$\bar{X} = \frac{1}{n}(X_1 + X_2 + \cdots + X_n) = \frac{1}{n}\sum_{i=1}^{n} X_i \tag{2.1}$$

平均は全観測値の重心を示すものであり，分布が左右対称の場合は全観測値の中心を示す。研究間で測定不変性が担保されているとき，各研究から得られた平均値を比較可能だと考えられる。特に，元の測定単位における比較に関心がある場合，平均値を比較することは有用かもしれない。平均値は非標準化効果量の一種であると解釈できる。

1　母集団分布が正規分布に従う母集団のことを指す。正規分布は母平均と母分散という2つのパラメータを持ち，$\mathcal{N}(\mu, \sigma^2)$と表記する。

2.2　母平均の推定

母集団における平均（母平均）を知りたい場合，理想的には全数調査を行い平均値を計算すればよいが，このような調査はコストがかかるため多くの場合，現実的ではない。そこで，母集団から単純無作為抽出された標本を用いて母平均を推定することを考える。

標本調査によって，平均 $\mu = 5$，分散 $\sigma^2 = 1$ の正規分布に独立に従う $n = 100$ の標本が得られたとする。

$$X_1, X_2, \ldots, X_{100} \sim \mathcal{N}(5, 1) \tag{2.2}$$

実際には，得られた標本がどのような母数の分布に従うかは多くの場合，未知である。そこで，得られた標本から母平均を推定することを考えてみよう。

2.2.1　点推定

標本から母平均 μ を点推定する場合，推定量には標本平均 $\bar{X}$ を用いる。これは，大数の法則より，標本平均 $\bar{X}$ はサンプルサイズ n が大きくなると母平均 μ に近づくという**一致性**を持つからである（$\bar{X} \xrightarrow{p} \mu$）。また，標本平均 $\bar{X}$ の期待値は $E[\bar{X}] = \mu$ となることから，サンプルサイズ n に関係なく標本平均 $\bar{X}$ の期待値は母平均に一致するという**不偏性**を持つ[2]。よって，標本平均 $\bar{X}$ は母平均 μ の一致推定量かつ不偏推定量である[3]。

このことを確かめるために，R を使用して以下のようなシミュレーションを行ってみよう。ここでは毎回同じ結果が再現されるよう乱数の種（seed）を固定したうえで，平均 $\mu = 5$，分散 $\sigma^2 = 1$ の正規分布に独立に従う n 個の乱数を発生させ，それらの標本平均を求めるシミュレーションを k 回繰り返している。例えば，サンプルサイズ $n = 100$ の標本平均を算出することを 1000 回繰り

2　ただし，前述の通り，標本を構成する各観測値は独立に同一の分布に従うことを仮定している。この仮定が満たされない場合，標本平均は母平均の不偏推定量とはならない可能性がある。

3　標本平均 $\bar{X}$ は母平均 μ の一様最小分散不偏推定量でもある。

返すと，その平均は 5.000977 になることが分かる。

```
m <- NULL   # 結果を格納する空のオブジェクト
n <- 100    # サンプルサイズ
k <- 1000   # シミュレーション回数
set.seed(123) # 乱数の種の固定
for (i in 1:k) {
  dat <- rnorm(n,5,1) # 正規分布 N(5,1) から n 個の乱数を発生
  m[i] <- mean(dat)   # 標本平均の格納
}
mean(m)     # k 個の標本平均の平均
```

```
[1] 5.000977
```

サンプルサイズ n やシミュレーション回数 k の値を変えながら様々な条件で標本平均の計算を繰り返すと表 2-1 のような結果が得られる。

表 2-1　標本平均のシミュレーション

k \ n	1	5	10	20	100	1000	10000
1	4.439524	5.19357	5.074626	5.141624	5.090406	5.016128	4.997628
100	5.090406	5.03459	5.016128	5.029297	4.997628	5.000977	4.999479
1000	5.016128	4.99943	4.997628	4.994261	5.000977	4.999479	5.000115
10000	4.997628	4.99826	5.000977	5.003096	4.999479	5.000115	5.000157
100000	5.000977	5.00006	4.999479	4.998962	5.000115	5.000157	5.000010

表 2-1 より，シミュレーション回数 $k = 1$ の行を横に見ると，サンプルサイズ n が増加するにつれて，標本平均 $\bar{X}$ が母平均 $\mu = 5$ に近づく一致性が確認できる。また，シミュレーション回数 $k = 100000$ の行を横に見ると，サンプルサイズ n に関係なく標本平均 $\bar{X}$ の期待値 $\bar{X}$ が母平均 $\mu = 5$ に概ね一致する不偏性が確認できる。

2.2.2　区間推定

点推定が母数を標本から計算される 1 つの値で推定したのに対して，区間推

定では母数が含まれる数値範囲を区間として推定する。

点推定の場合と同様，平均 $\mu = 5$，分散 $\sigma^2 = 1$ の正規分布に独立に従う $n = 100$ の標本が得られているとする。ここで標本平均の標本分布が正規分布 $\mathcal{N}(\mu,\ \sigma^2/\mathrm{n})$ に従うことを利用すれば，任意の確率で母平均を含む信頼区間を構成することができる。ここでは危険率 α を 5% に設定し，95% 信頼区間を求めてみよう。

2.2.2.1 母分散既知の場合

母分散が既知の場合，95% 信頼区間は，(2.3) 式で求められる。ここで $z_{0.025}$ は，標準正規分布[4] にしたがう確率変数 X が，ある値 x 以上となる確率（上側確率）が 2.5% に一致するような値を指す。具体的には，標準正規分布において標本が 1.96 以上になる確率は約 2.5% であるため，$z_{0.025} \cong 1.96$ となる。

$$\bar{X} - z_{0.025} \cdot \frac{\sigma}{\sqrt{n}} \leq \mu \leq \bar{X} + z_{0.025} \cdot \frac{\sigma}{\sqrt{n}} \tag{2.3}$$

上式は母数を含んでいるため，標本から直接計算することはできない。すでに先行研究などから母分散が分かっている場合，その値を代入して計算すればよい。ここでは母分数が 1 であることが分かっているものとして 95% 信頼区間を求めてみよう。

```
n <- 100                # サンプルサイズ
set.seed(123)           # 乱数の種の固定
x <- rnorm(n,5,1)       # 正規分布 N(5,1) から 100 個の乱数を発生
m <- mean(x)            # 標本平均
m - qnorm(0.025, lower.tail = F) * 1 / sqrt(n)   # 95% 信頼区間の下限値
m + qnorm(0.025, lower.tail = F) * 1 / sqrt(n)   # 95% 信頼区間の上限値
```

```
[1] 4.89441
[1] 5.286402
```

出力結果より，95% 信頼区間は [4.89, 5.29] であることが分かる。

4　正規分布の中でも $\mathcal{N}(0,\ 1)$ であらわされる正規分布を標準正規分布と呼ぶ。正規分布に従うデータを標準化すると，標準正規分布に従うようになる。

2.2.2.2　母分散未知の場合

母分散が未知でも n が十分に大きい場合は，標本の標準偏差を σ に代入して計算してもよい（一致性があるため）。母分散が未知で n が小さい場合，$\frac{\bar{X}-\mu}{\hat{\sigma}/\sqrt{n}}$ が自由度 $n-1$ の t 分布に従うことを利用して，95% 信頼区間は（2.4）式で求められる。ここで，$\widehat{\sigma^2}$ は母分散の推定値であり，（2.5）式で求められる標本の不偏分散を用いて計算する。$t_{0.025}(n-1)$ は自由度 $n-1$ の t 分布において上側確率が 2.5% であるような値を指す。

$$\bar{X} - t_{0.025}(n-1) \cdot \sqrt{\frac{\widehat{\sigma^2}}{\mathrm{n}}} \leq \mu \leq \bar{X} + t_{0.025}(n-1) \cdot \sqrt{\frac{\widehat{\sigma^2}}{\mathrm{n}}} \tag{2.4}$$

$$\widehat{\sigma^2} = \frac{1}{n-1}\sum_{i=1}^{n}(X_i - \bar{X})^2 \tag{2.5}$$

R では，qt( ) を用いて t 分布の任意の確率点を算出することができる。サンプルサイズを $n = 20$ に変更して，95% 信頼区間を求めてみよう。

```
n <- 20                  # サンプルサイズ
set.seed(123)            # 乱数の種の固定
x <- rnorm(n,5,1)        # 正規分布 N(5,1) から n 個の乱数を発生
m <- mean(x)             # 標本平均
s <- sd(x)               # 標準偏差
m - qt(0.025, n - 1, lower.tail = F) * s/sqrt(n)  # 95% 信頼区間の下限値
m + qt(0.025, n - 1, lower.tail = F) * s/sqrt(n)  # 95% 信頼区間の上限値
```

```
[1] 4.686402
[1] 5.596845
```

出力結果より，95% 信頼区間は [4.69, 5.60] であることが分かる。既存の関数を利用して 95% 信頼区間を求めても結果は一致する。

```
t.test(x, conf.level = 0.95)$conf.int      # 既存の関数を利用した場合
```

```
[1] 4.686402 5.596845
attr(,"conf.level")
[1] 0.95
```

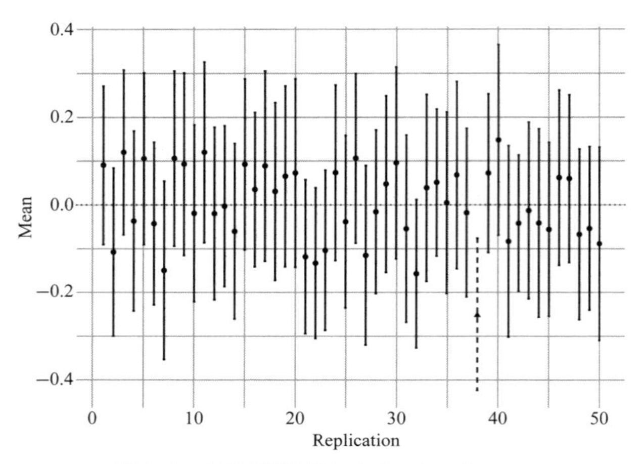

図 2-1　95% 信頼区間のシミュレーション

95% 信頼区間の意味するところは，標本調査を何回も繰り返してその度に 95% 信頼区間を構成した場合，95% の確率でそれらの区間内に母数が含まれている区間であるということである。個々の信頼区間が母数を含むかどうかは True/False の 2 択であり，確率的な表現ができているわけではない。例えば，標準正規分布から $n = 100$ のサンプリングを行って標本平均と 95% 信頼区間を算出する作業を繰り返すと図 2-1 のようになる。図の中で，点線で示す 38 番目の信頼区間は母平均 $\mu = 0$ を含んでいないものの，多くの信頼区間はその範囲に母平均が含まれていることが分かる。ただし，個別の信頼区間において母平均が含まれているかは True/False の 2 択である。

実験を何回も繰り返すことのできる研究分野や様々な研究者によって類似の研究が繰り返される分野では，信頼区間の概念が想像しやすいだろう。他方で，実験を繰り返すことが困難な分野では，1 回の調査で得られたデータから任意の確率で母数を含む区間を構成したいと考えるかもしれない。その場合，ベイズ統計の考え方に基づきベイズ信用区間（credible interval）を構成することも一案である。

第3章

平均値差の効果量

本章では，平均値差に関する効果量とその信頼区間の計算方法を紹介する。第1節では，1群の平均値と定数の差の効果量を扱う。第2節では，等分散を仮定した場合の独立した2群の平均値差の効果量を扱う。第3節では，等分散を仮定しない場合の独立した2群の平均値差の効果量を扱う。第4節では，対応のある2群の平均値差の効果量を扱う。平均値差に関する標準化効果量には複数の種類が存在するが，研究によってそれらの呼び方や使用する記号が異なることがあるので注意が必要である。

3.1　1群の平均値と定数の差

ある1群の母集団における平均値と任意の定数 c の差について検討する。いま，正規母集団 $\mathcal{N}(\mu,\ \sigma^2)$ から無作為抽出によって大きさ n の標本を得たとする。

$$X = (X_1, X_2, \dots, X_n) \sim \mathcal{N}(\mu, \sigma^2) \tag{3.1}$$

ここでは，確率変数 X が独立に同じ正規分布に従うとする。確率変数 X の平均と任意の定数 c の差に興味がある場合，これらの差の大きさを表す効果量が必用である。このような効果量には非標準化平均値差と標準化平均値差の2種類がある。

3.1.1 非標準化平均値差

確率変数 X の母平均 μ と定数 c の差 $\mu - c$ に対して，標本効果量 D_c は，(3.2) 式で求められる。ここで，標本平均 $\bar{X}$ は X の標本平均，c は任意の定数を表す。

$$D_c = \bar{X} - c \tag{3.2}$$

これは，平均値と同様に非標準化効果量の一種であり，元の測定単位における比較に関心がある場合などに有用である。標本効果量 D_c は，母効果量 $\mu - c$ の一致推定量かつ不偏推定量であり，前述の条件の下で平均 $\mu - c$，分散 σ^2/n の正規分布に従う。母分散が未知の場合，第 2 章と同様に，$\frac{\bar{X}-\mu}{\hat{\sigma}/\sqrt{n}}$ が自由度 $n - 1$ の t 分布に従うことを利用して，非標準化平均値差 D_c の 95% 信頼区間を構成することができる。ここで，$\widehat{\sigma^2}$ は母分散の推定量であり，標本の不偏分散を代入して計算する。

$$D_c - t_{0.025}(n-1)\sqrt{\frac{\widehat{\sigma^2}}{\mathrm{n}}} \leq \mu - c \leq D_c + t_{0.025}(n-1)\sqrt{\frac{\widehat{\sigma^2}}{\mathrm{n}}} \tag{3.3}$$

例として，正規母集団 $\mathcal{N}(1, 1)$ から無作為抽出によって $n = 100$ の標本を得たとする。R では rnorm() 関数によって，任意のパラメータの正規分布に従う乱数を発生させることができる。発生する乱数は毎回変わるが，乱数の種を任意の値で固定することで同じ結果を再現することができる。

```
n <- 100                # サンプルサイズ
set.seed(123)           # 乱数の種の固定
x <- rnorm(n,1,1)       # 正規分布 N(1,1) に従う n 個の乱数
```

定数 $c = 0$ として，非標準化平均値差 D_c の 95% 信頼区間を求めてみよう。(3.3) 式を R で計算すると以下のようになる。

```
c <- 0                 # 定数 c
Dc <- mean(x) - c      # 非標準化平均値差
s <- sd(x)             # 標準偏差
Dc - qt(0.025, n - 1, lower.tail = F) * s/sqrt(n) #95% 信頼区間の下限値
Dc + qt(0.025, n - 1, lower.tail = F) * s/sqrt(n) #95% 信頼区間の上限値
```

```
[1] 0.9092834
[1] 1.271528
```

出力結果より，95% 信頼区間は [0.91, 1.27] であることが分かる。既存の関数を利用して 95% 信頼区間を求めても結果は一致する。

```
t.test(x, mu = 0, conf.level = 0.95)$conf.int  # 既存の関数を利用した場合
```

```
[1] 0.9092834 1.2715284
attr(,"conf.level")
[1] 0.95
```

3.1.2　標準化平均値差の推定量

確率変数 X の平均と定数 c の標準化平均値差に関する母効果量 δ_c は，（3.4）式で定義される[1]。ここで，μ は母平均，σ は母標準偏差を表す。標準偏差で割って標準化することで，単位に依存せず研究間で比較可能な標準化効果量になっている。

$$\delta_c = \frac{\mu - c}{\sigma} \tag{3.4}$$

母効果量 δ_c を標本から推定する場合，推定量として以下のような標本効果量 d_c が提案されている（Cohen, 1977）[2]。標本効果量 d_c は母効果量 δ_c の一致推定量である。ここで，$\bar{X}$ は標本平均，$\hat{\sigma}$ は標本標準偏差（不偏分散の平方根）を表す。

$$d_c = \frac{\bar{X} - c}{\hat{\sigma}} \tag{3.5}$$

R を用いて，標本効果量 d_c を計算してみよう。使用するデータは 3.1.1 と同じである。出力結果より，$d_c = 1.19$ であることが分かる。

1　文献によっては δ_c ではなく，d'_3（Cohen, 1988, p. 46）や γ（Aoki, 2020）と表現される場合もあるので注意が必要である。

2　Cohen はこの推定量を d'_s と表現している。

```
dc <- (mean(x) - c) / s
dc
```

```
[1] 1.194552
```

既存の関数を利用しても結果は一致する。effectsize パッケージは，効果量計算に関する関数を多数収録したパッケージであり，様々な種類の効果量に対応している（Ben-Shachar et al., 2020）。関数の前にコロン（:）を 2 つ付けることで，使用する関数がどのパッケージに収録されているのかを明示的に示すことができる。

```
library(effectsize)
effectsize::cohens_d(x, mu = c)  # 既存の関数を利用した場合
effectsize::cohens_d(x, mu = c) |> print(digits = 6) # 出力桁数の調整
```

```
Cohen's d |                95% CI
---------------------------------
1.194552  | [0.935787, 1.449695]
```

母効果量 δ_c の真値は 1 であるが，今回得られた推定値はやや大きい値になっている。標本抽出のたびに得られる推定値は変動する。

3.1.3 標準化平均値差の標準誤差

標本効果量 d_c は，標本から計算される統計量であるため，標本によって毎回異なる値となる。この標本変動に伴う誤差分散 $V(d_c)$ や標準誤差 $SE(d_c)$ は，以下の式で計算できる（Aoki, 2020, p. 7）。

$$V(d_c) = \frac{n-1}{n-3}\left(\frac{1}{n-1} + \delta_c^2\right) - \frac{\delta_c^2}{J^2} \tag{3.6}$$

$$SE(d_c) = \sqrt{V(d_c)} \tag{3.7}$$

$$J = \frac{\Gamma\left(\frac{df}{2}\right)}{\sqrt{\frac{df}{2}}\Gamma\left\{\frac{(df-1)}{2}\right\}} \tag{3.8}$$

$$df = n - 1 \tag{3.9}$$

ここで，n はサンプルサイズ，Γ はガンマ関数[3] を表す。J は補正係数でありサンプルサイズが大きくなるにつれて 1 に近づく。

誤差分散 $V(d_c)$ は計算式に母効果量 δ_c を含んでいるため標本から計算することができない。そこで，誤差分散 $V(d_c)$ の推定量として，標本効果量 d_c を母効果量 δ_c に代入することで誤差分散の推定量 $\hat{V}(d_c)$ が得られる。$\hat{V}(d_c)$ は $V(d_c)$ の一致推定量かつ不偏推定量である。また，誤差分散の推定量 $\hat{V}(d_c)$ の平方根を計算することで，標準誤差の推定量 $\widehat{SE}(d_c)$ が得られる。

$$\hat{V}(d_c) = \frac{n-1}{n-3}\left(\frac{1}{n-1} + d_c^2\right) - \frac{d_c^2}{J^2} \tag{3.10}$$

$$\widehat{SE}(d_c) = \sqrt{\hat{V}(d_c)} \tag{3.11}$$

R を用いると誤差分散および標準誤差の推定値は以下のように計算できる。ガンマ関数は関数 gamma( ) によって計算する。

```
df <- n - 1 # 自由度
J <- gamma(df / 2) / (sqrt(df / 2) * gamma((df - 1) / 2)) # 補正係数
V <- ((n - 1) / (n - 3)) * (1 / (n - 1) + dc ^ 2) - dc ^ 2 / J ^ 2
SE <- sqrt(V)
V  # 誤差分散の推定値
SE # 標準誤差の推定値
```

```
[1] 0.01779692    # 誤差分散の推定値
[1] 0.1334051     # 標準誤差の推定値
```

母効果量の真値が $\delta_c = 1$ であることから，真の誤差分散は $V(d_c) = 0.016$，真の標準誤差は $SE(d_c) = 0.124$ であるが，今回得られた推定値はこれに近い値となっている。

3　ある正の整数 s に対して，ガンマ関数は $\Gamma(s) = (s-1)!$ と階乗で表せる。例えば，$s = 4$ の場合，$\Gamma(4) = (4-1)! = 3 \cdot 2 \cdot 1 = 6$ となる。

3.1.4　信頼区間の構成

一般に，標準化効果量の信頼区間を算出する方法には，1. 標準誤差を用いる方法，2. 非心分布に基づく方法，3. ブートストラップ法の 3 種類がある。本項では 3 つの方法を順に紹介する。

3.1.4.1　標準誤差を用いる方法

1 つ目は，標準誤差 SE（誤差分散 V の平方根）を用いる簡易的な方法である。効果量の標本分布を正規分布で近似することで，95% 信頼区間は以下のように計算できる（Nakagawa & Cuthill, 2007）。

$$d_c - z_{0.025} \cdot \widehat{SE} \leq \delta_c \leq d_c + z_{0.025} \cdot \widehat{SE} \tag{3.12}$$

R を用いると標本効果量 d_c の 95% 信頼区間は以下のように求められる。

```
dc - qnorm(0.025, lower.tail = F) * SE  # 95% 信頼区間の下限値
dc + qnorm(0.025, lower.tail = F) * SE  # 95% 信頼区間の上限値
```

```
[1] 0.9330827
[1] 1.456021
```

しかし，これは簡易的な近似法であって，正確ではない。より正確な方法としては次の 2 種類がある。

3.1.4.2　非心分布を用いる方法

2 つ目は，非心分布を用いる方法である。これは，（3.13）式で計算される検定統計量 t が対立仮説の下で，非心度 λ，自由度 df の**非心 t 分布**（noncentral t-distribution）に従うことを利用して，信頼区間を構成する[4]。ここで，$\bar{X}$ は標本平均，se は $\bar{X}$ の標準誤差，S は X の標本標準偏差を表す。展開していくと，検定統計量 t は効果量とサンプルサイズの関数となっていることが分かる。

4　$\mu = c$ の場合，非心度 λ は 0 となり，非心 t 分布は t 分布に一致する。非心分布の詳細については，南風原（2014）や永田（2003）などを参照されたい。

$$t = \frac{\bar{X} - c}{se} = \frac{\bar{X} - c}{\frac{S}{\sqrt{n}}} = d_c \cdot \sqrt{n} \tag{3.13}$$

$$t \sim \text{Noncentral t}(df, \lambda) \tag{3.14}$$

$$\lambda = \delta_c \cdot \sqrt{n} \tag{3.15}$$

$$df = n - 1 \tag{3.16}$$

今回の例の場合，自由度 $df = 99$ の非心 t 分布を非心度 λ を変えながら描いていったとき，検定統計量 t の実現値 $t = 11.95$ が上側確率 0.975 に一致する非心度 λ_H を求める。そして，それを $\sqrt{n}$ で割ることで効果量 δ_c に変換したものが効果量 d_c の信頼区間の上限値になる。同様に，検定統計量 t の実現値が非心 t 分布の上側確率 0.025 に一致する非心度 λ_L を求めて変換すれば効果量 d_c の信頼区間の下限値になる。

非心度 λ を 0, 5, 10, 15 …と変えながら自由度 $df = 99$ の非心 t 分布を描くと図 3-1 のようになる。

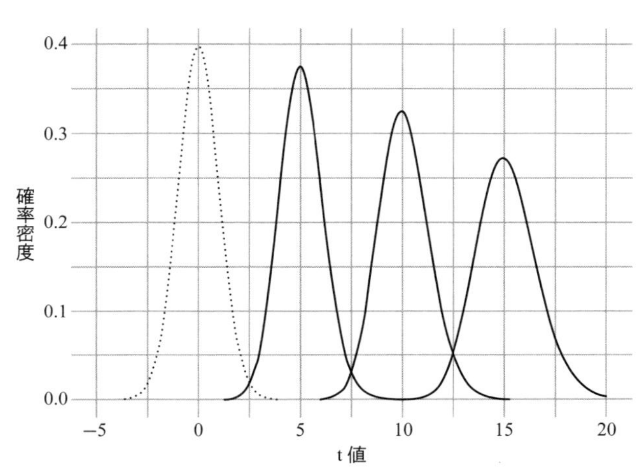

図 3-1　自由度 99 の非心 t 分布（λ=(0, 5, 10, 15)）

図において点線が非心度0の非心t分布，すなわちt分布を表している。非心度が大きくなるにつれて実線で示す非心t分布は右に移動していることが見て取れる。非心度を動かしていくと，非心度 $\lambda_H = 14.497$ で $t = 11.95$ が上側確率0.975に一致する。それを $\sqrt{n}$ で割ると効果量 d_c の信頼区間の上限値1.4497が得られる。信頼区間の下限値についても同様の手続きで得られる。

Rを用いると非心t分布に基づく標本効果量 d_c の95%信頼区間は以下のように求められる。

```
t <- dc * sqrt(n)  # t値
library(MBESS)
lambda.ci <- MBESS::conf.limits.nct(t.value = t,
                                    df = df, conf.level = .95)
                                    # 非心t分布の95%点
lambda.ci$Lower.Limit / sqrt(n)  # 95%信頼区間の下限値
lambda.ci$Upper.Limit / sqrt(n)  # 95%信頼区間の上限値
```

```
[1] 0.9357866
[1] 1.449695
```

{effectsize}パッケージは非心分布を用いる方法で信頼区間を計算しているため，既存の関数を利用しても結果は一致する。

```
effectsize::cohens_d(x, mu = c, ci = 0.95) |> print(digits = 7)
```

```
Cohen's d |                 95% CI
-----------------------------------
1.1945519 | [0.9357866, 1.4496950]
```

3.1.4.3 ブートストラップ法

3つ目は，ブートストラップ法を用いる方法である。ブートストラップ法とは，標本からの復元抽出を繰り返すことでブートストラップ標本を生成し，そこから得られる近似分布（経験分布）によって標準誤差や信頼区間を求める方法である[5]。ブートストラップ法では，母集団分布を仮定せずに信頼区間を計算することができるため便利である。ブートストラップ法にはいくつかの手法が提案されているが，ここでは **BCa 法**（bias-corrected and accelerated）に基づく信頼区間の構成法を採用する。

R を用いると BCa 法によるブートストラップ信頼区間は以下のように求められる。ここでは，標本から復元抽出された標本 i に対して標本効果量 d_c を求める関数を get_dc{} という名前で定義した上で，$R = 5000$ 回の抽出と標本効果量の計算を繰り返している。こうして得られた 5000 個の推定値に基づき信頼区間を構成する。

```
get_dc <- function(dat, i) {
  dc <- (mean(dat[i]) - c) / sd(dat[i])
  return(dc)
}

library(boot)
set.seed(123)
boot_out <- boot::boot(dat = x, statistic = get_dc, R = 5000) #
ブートストラップ法
boot::boot.ci(boot_out, type = "bca") # ブートストラップ信頼区間
```

```
Intervals :
Level       BCa
95%   ( 0.944,  1.438 )
Calculations and Intervals on Original Scale
```

出力結果より，標本効果量の 95% 信頼区間は [0.944, 1.438] であることが読み取れる。

3.1.5　標準化平均値差の不偏推定量

前項で紹介した標本効果量 d_c は不偏性を持たず，特に小標本においては過大推定になりがちである。そこでこのようなバイアスを補正した推定量として（3.17）式で定義される $\hat{\delta}_c$ がある。標本効果量 $\hat{\delta}_c$ は，母効果量 δ_c の一致推定

5　本書におけるブートストラップ法とは，ノンパラメトリック・ブートストラップ法のことを指す。ノンパラメトリック・ブートストラップ法は常に有効な結果をもたらすとは限らず，特にサンプルサイズが小さい場合やサンプルが母集団を代表していない場合に問題が生じ得る点に注意が必要である。

量かつ一様最小分散不偏推定量である。J は補正係数でありサンプルサイズが大きくなるにつれて 1 に近づく。

$$\widehat{\delta_c} = d_c \cdot J \tag{3.17}$$

$$J = \frac{\Gamma\left(\frac{df}{2}\right)}{\sqrt{\frac{df}{2}}\Gamma\left\{\frac{(df-1)}{2}\right\}} \tag{3.18}$$

$$df = n - 1 \tag{3.19}$$

また，$\widehat{\delta_c}$ の誤差分散 $V(\hat{\delta}_c)$ およびその推定量 $\hat{V}(\hat{\delta}_c)$ は以下の式で与えられる。

$$V\left(\widehat{\delta_c}\right) = V(d_c) \cdot J^2 \tag{3.20}$$

$$\hat{V}\left(\widehat{\delta_c}\right) = \hat{V}(d_c) \cdot J^2 \tag{3.21}$$

いずれも補正係数 J を乗じることでサンプルサイズが小さい場合の過大推定を補正している。R を用いると標本効果量 $\widehat{\delta_c}$ と非心 t 分布による 95% 信頼区間は以下のように計算できる。

```
J <- gamma(df / 2) / (sqrt(df / 2) * gamma((df - 1) / 2)) # 補正係数
dc.adj <- dc * J
dc.adj
lambda.ci$Lower.Limit / sqrt(n) * J  # 95% 信頼区間の下限値
lambda.ci$Upper.Limit / sqrt(n) * J  # 95% 信頼区間の上限値
```

```
[1] 1.185475
[1] 0.9286763
[1] 1.43868
```

既存の関数を利用して 95% 信頼区間を求めても結果は一致する。

```
effectsize::hedges_g(x, mu = c, ci = 0.95) |> print(digits = 7)
```

```
Hedges' g |                  95% CI
-----------------------------------
1.1854755 | [0.9286763, 1.4386800]
```

3.1.6 シミュレーションによるバイアスの検討

これまでに紹介した標準化平均値差の2つの標本効果量（$d_c, \hat{\delta}_c$）が母効果量の推定量としてどのような性質を持つのかをシミュレーションによって確認しよう。以下のコードでは，各効果量について結果格納用の空のオブジェクトを作成した上で，任意のサンプルサイズ n で効果量を算出する計算を $k = 10000$ 回繰り返している。母効果量は $\delta_c = 1$ であることから，バイアス[6]が無ければ10000個の効果量の平均（期待値）と $\delta_c = 1$ の差は0に近づくはずである。

```
dc <- NULL      # 標本効果量dcの箱
dc.adj <- NULL # 標本効果量δc^の箱
n <- 200        # サンプルサイズ
df <- n - 1       # 自由度
J <- exp(lgamma(df / 2) - log(sqrt(df / 2)) - lgamma((df - 1) /
2)) # 補正係数J
c <- 0
k <- 10000      # シミュレーション回数

set.seed(123)  # 乱数の種の固定
for (i in 1:k) {
  dat <- rnorm(n,1,1)  # 正規分布N(1,1)からn個の乱数を発生
  dc[i] <- (mean(dat) - c) / sd(dat)       # 標本効果量dcの格納
  dc.adj[i] <- dc[i] * J                   # 標本効果量δc^の格納
}

# バイアス
mean(dc) - 1
mean(dc.adj) - 1
```

```
> mean(dc) - 1
[1] 0.2508469
> mean(dc.adj) - 1
[1] -0.001968541
```

サンプルサイズ n の値を変えながら $k = 10000$ 回のシミュレーションを繰り返すと，表3-1のような結果が得られる。

6　ある母数 θ の推定量 $\hat{\theta}$ について，その期待値 $E[\hat{\theta}]$ と母数 θ の差を**バイアス**（Bias）と呼び，$Bias(\theta) = E[\hat{\theta}] - \theta$ と表せる。

表 3-1　標準化平均値差の標本効果量のバイアス

ES \ n	5	10	20	30	50	100	200
d_c	0.251	0.097	0.043	0.028	0.014	0.007	0.003
$\hat{\delta}_c$	−0.002	0.002	0.001	0.001	−0.001	−0.001	−0.001

表 3-1 より，どちらの標本効果量もサンプルサイズを大きくするとバイアスが小さくなることが読み取れる。これは，どちらも一致性を持つ推定量であるためである。一方で，サンプルサイズが小さい場合には，補正係数を用いた標本効果量 $\hat{\delta}_c$ の方が d_c よりもバイアスが小さいことが読み取れる。これは，標本効果量 $\hat{\delta}_c$ が不偏推定量であるためである。特に，サンプルサイズが 30 以下の場合はその差が顕著であり，補正係数を使用した標本効果量の使用が望ましい。

3.1.7　結果の報告

1 群の標準化平均値差を報告する際には，以下の 3 点を報告することが推奨される。

1. 効果量の種類（d_c, $\hat{\delta}_c$ など）
2. 効果量の点推定値
3. 推定の不確実性（95% 信頼区間など）

R の {report} パッケージを利用することで，以下のように結果報告の表や文章を出力することができる。

```
library(report)
report::report_table(t.test(x, mu = 0)) # 表の出力
report::report(t.test(x, mu = 0)) # 結果報告の出力
```

```
Parameter | Mean |   mu | Difference |        95% CI | t(99) |      p | Cohen's d | Cohen's d  CI
----------------------------------------------------------------------------------------------------
x         | 1.09 | 0.00 |       1.09 | [0.91, 1.27] | 11.95 | < .001 |      1.19 |  [0.94, 1.45]
```

```
The One Sample t-test testing the difference between x (mean =
1.09) and mu = 0 suggests that the effect is positive,
statistically significant, and large (difference = 1.09, 95% CI
[0.91, 1.27], t(99) = 11.95, p < .001; Cohen's d = 1.19, 95% CI
[0.94, 1.45])
```

日本語での結果報告としては以下のような例が考えられる。

> 変数 X（$M = 1.09$, $SD = 0.91$）と定数 0 の差について 1 標本の t 検定を行ったところ検定結果は有意であり，標準偏差 1.19 個分に相当する差が見られた（$t(99) = 11.95$, $p < .001$, $\hat{\delta}_c = 1.19$, 95% CI [0.93, 1.44]）。

3.2　独立した 2 群の平均値差（等分散）

2 つの独立した母集団 A, B から抽出した 2 標本の平均値差について検討する。いま，2 つの正規母集団 $\mathcal{N}(\mu_A,\ \sigma_A^2)$, $\mathcal{N}(\mu_B,\ \sigma_B^2)$ から無作為抽出によってそれぞれ大きさ n_A, n_B の標本を得たとする。ただし，群間で母分散が等しいと仮定する。

$$A_1, A_2, \ldots, A_{n_A} \sim \mathcal{N}(\mu_A, \sigma_A^2) \tag{3.22}$$

$$B_1, B_2, \ldots, B_{n_B} \sim \mathcal{N}(\mu_B, \sigma_B^2) \tag{3.23}$$

$$\sigma_A^2 = \sigma_B^2 \tag{3.24}$$

独立した 2 群の平均値差を示す効果量には，非標準化平均値差と標準化平均値差の 2 種類がある。また，後者については，等分散が仮定できる場合とできない場合に分けて考えることができるが，本節では等分散が仮定できる場合の効果量を紹介する。

3.2.1 非標準化平均値差

確率変数 A の母平均 μ_A と確率変数 B の母平均 μ_B の差 $\mu_A - \mu_B$ に対して，推定量 D は（3.25）式で求められる。ここで，$\bar{A}$ は A の標本平均，$\bar{B}$ は B の標本平均を表す。

$$D = \bar{A} - \bar{B} \tag{3.25}$$

平均値差 D は，母平均値差 $\mu_A - \mu_B$ の一致推定量かつ不偏推定量であり[7]，平均 $\mu_A - \mu_B$，分散 $\sigma_A^2/n_A + \sigma_B^2/n_B$ の正規分布に従う（正規分布の再生性の定理より）。従って，母分散が既知の場合は，以下のように 95% 信頼区間を構成すればよい。

$$D - z_{0.025} \cdot \sqrt{\frac{\sigma_A^2}{n_A} + \frac{\sigma_B^2}{n_B}} \leq \mu_A - \mu_B \leq D + z_{0.025} \cdot \sqrt{\frac{\sigma_A^2}{n_A} + \frac{\sigma_B^2}{n_B}} \tag{3.26}$$

いま，2 つの正規母集団 $\mathcal{N}(2, 1), \mathcal{N}(1, 1)$ から無作為抽出によって大きさ $n_A = 100, n_B = 100$ の独立な標本を得たとする。

```
na <- 100 ; nb <- 100  # サンプルサイズ
set.seed(123)          # 乱数の種の固定
A <- rnorm(na,2,1)     # 正規分布 N(2,1) から na 個の乱数を発生
B <- rnorm(nb,1,1)     # 正規分布 N(1,1) から nb 個の乱数を発生
```

得られた標本の箱ひげ図を作成すると図 3-2 のようになる。

2 つの群の非標準化平均値差 D の 95% 信頼区間を求めてみよう。前述の式を R で計算すると以下のようになる。

```
D <- mean(A) - mean(B)    # 非標準化平均値差
D - qnorm(0.025, lower.tail = F) * sqrt(1/na + 1/nb) #95% 信頼区間の下限値
D + qnorm(0.025, lower.tail = F) * sqrt(1/na + 1/nb) #95% 信頼区間の上限値
```

```
[1] 0.9207719
[1] 1.475133
```

---

7 平均値差 $D = \bar{A} - \bar{B}$ は，母平均値差 $\mu_A - \mu_B$ の一様最小分散不偏推定量でもある。

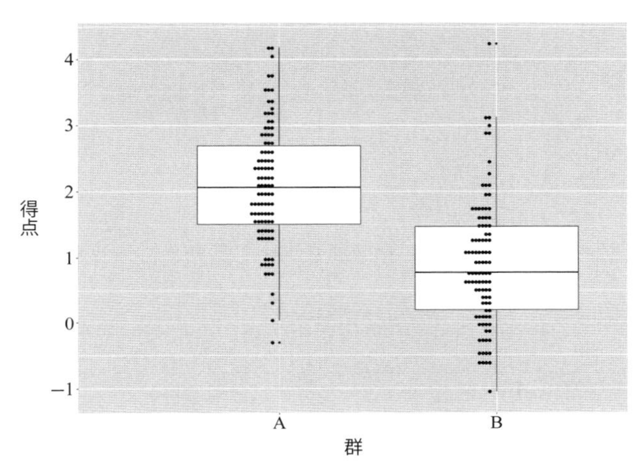

図 3-2　2 つの標本の分布

出力結果より，95% 信頼区間は [0.92, 1.48] であることが分かる。

母分散が未知であるが集団間で等しいことが分かっている場合，2 群を統合した分散を（3.27）式の通り求めて，2 群に共通した母分散の推定値として利用する。ここで，$\widehat{\sigma_A^2}$ は群 A の不偏分散，$\widehat{\sigma_B^2}$ は群 B の不偏分散を指す。

$$\widehat{\sigma^2} = \frac{(n_A - 1)\widehat{\sigma_A^2} + (n_B - 1)\,\widehat{\sigma_B^2}}{n_A + n_B - 2} \tag{3.27}$$

平均値差の標本分布として自由度 $n_A + n_B - 2$ の t 分布を利用することで，以下のように 95% 信頼区間を構成することができる。

$$D - t_{0.025}(n_A + n_B - 2) \cdot \sqrt{\widehat{\sigma^2} \cdot \left(\frac{1}{n_A} + \frac{1}{n_B}\right)} \le \mu_A - \mu_B \le D + t_{0.025}(n_A + n_B - 2) \cdot \sqrt{\widehat{\sigma^2} \cdot \left(\frac{1}{n_A} + \frac{1}{n_B}\right)} \tag{3.28}$$

R を利用すれば，以下のように計算できる。

```
var_pooled <- ((na - 1) * var(A) + (nb - 1) * var(B)) / (na + nb
- 2)  # 2 群を統合した分散
```

```
t.critical <- qt(0.025, na + nb - 2, lower.tail = F)
D - t.critical * sqrt(var_pooled/na + var_pooled/nb) # 95%CIの下限値
D + t.critical * sqrt(var_pooled/na + var_pooled/nb) # 95%CIの上限値
```

```
[1] 0.9357192
[1] 1.460186
```

既存の関数を利用して95%信頼区間を求めても結果は一致する。

```
t.test(A, B, var.equal = T)$conf.int
```

```
[1] 0.9357192 1.4601862
attr(,"conf.level")
[1] 0.95
```

3.2.2 標準化平均値差の推定量

2群の標準化平均値差に関する母効果量 δ_s は（3.29）式で定義される。

$$\delta_s = \frac{\mu_A - \mu_B}{\sigma} \tag{3.29}$$

ここで，μ_A, μ_B はそれぞれ群A, 群Bの母平均，σ は2群に共通な母標準偏差である。ここでは群間で分散が等しいこと（等分散）を仮定している。

母効果量 δ_s を標本から推定する場合，推定量として（3.30）式に示す標本効果量 d_s が提案されている（Cohen, 1977）[8]。標本効果量 d_s は母効果量 δ_s の一致推定量である。ここで，$\bar{A}$ は A の標本平均，$\bar{B}$ は B の標本平均，$\hat{\sigma}$ は2群を統合した標準偏差（2群の不偏分散の平方根）を表す。

$$d_s = \frac{\bar{A} - \bar{B}}{\hat{\sigma}} \tag{3.30}$$

8　この式で計算したものをCohen's d やHedges' g と表現している文献もあるので，注意が必要である（McGrath & Meyer, 2006）。また，ここでは不偏分散を用いて2群を統合した標準偏差を求めているが，標本分散を用いて統合した標準偏差を使用した推定量も提案されている。これはHedges & Olkinの d と呼ばれ，母効果量 δ_s の**最尤推定量**になる（Hedges & Olkin, 1985）。

$$\hat{\sigma} = \sqrt{\widehat{\sigma^2}} = \sqrt{\frac{(n_A - 1)\widehat{\sigma_A^2} + (n_B - 1)\widehat{\sigma_B^2}}{n_A + n_B - 2}} \tag{3.31}$$

R を利用すれば，標本効果量 d_s は以下のように計算できる。

```
sd_pooled <- sqrt(var_pooled) # 2群を統合した標準偏差
ds <- (mean(A) - mean(B)) / sd_pooled # 標本効果量 ds
ds
```

```
[1] 1.274023
```

既存の関数を利用した場合でも同様の結果が得られる。

```
effectsize::cohens_d(A, B) |> print(digits = 6) # 既存の関数を利用した
場合
```

```
Cohen's d |              95% CI
--------------------------------
1.274023  | [0.968447, 1.576902]

- Estimated using pooled SD.
```

なお，統計的帰無仮説検定によって 2 群の平均値差（等分散）を検討する方法としては **Student の t 検定**が知られており，（3.32）式で定義される検定統計量 t が帰無仮説の下で自由度 $n_A + n_B - 2$ の t 分布に従うことを利用して，群間で平均値に差が無い（$\mu_A = \mu_B$）という帰無仮説を棄却できるかどうかを判断する。ここで，$\bar{A}$ は A の標本平均，$\bar{B}$ は B の標本平均，$\widehat{\sigma^2}$ は 2 群に共通した分散を表す。展開していくと，検定統計量 t は効果量とサンプルサイズの関数となっていることが分かる。

$$t = \frac{\bar{A} - \bar{B}}{\sqrt{\widehat{\sigma^2}\left(\frac{1}{n_A} + \frac{1}{n_B}\right)}} = d_s \cdot \sqrt{\frac{n_A n_B}{n_A + n_B}} \tag{3.32}$$

R を利用すれば，以下のように Student の t 検定を実行できる。

```
t.test(A, B, var.equal = T) # Student の t 検定
```

```
Two Sample t-test

data:  A and B
t = 9.0087, df = 198, p-value < 2.2e-16
alternative hypothesis: true difference in means is not equal to 0
95 percent confidence interval:
 0.9357192 1.4601862
sample estimates:
mean of x mean of y
2.0904059 0.8924532
```

3.2.3　標準化平均値差の標準誤差

標本効果量 d_s は，標本から計算される統計量であるため，標本によって毎回異なる値となる。この標本変動に伴う誤差分散 $V(d_s)$ や標準誤差 $SE(d_s)$ は，以下の式で計算できる。ここで，n はサンプルサイズ，Γ はガンマ関数を表す。J は補正係数でありサンプルサイズが大きくなるにつれて 1 に近づく。また，サンプルサイズが大きくなるにつれて $V(d_s)$ は 0 に近づく。

$$V(d_s) = \frac{n_A + n_B - 2}{n_A + n_B - 4} \cdot \left(\frac{n_A + n_B}{n_A n_B} + \delta_s^2 \right) - \frac{\delta_s^2}{J^2} \tag{3.33}$$

$$J = \frac{\Gamma\left(\frac{df}{2}\right)}{\sqrt{\frac{df}{2}}\Gamma\left\{\frac{(df-1)}{2}\right\}} \tag{3.34}$$

$$df = n_A + n_B - 2 \tag{3.35}$$

$$SE(d_s) = \sqrt{V(d_s)} \tag{3.36}$$

誤差分散 $V(d_s)$ は計算式に母効果量 δ_s を含んでいるため標本から計算することができない。そこで，標本効果量 d_s を母効果量 δ_s に代入することで誤差分散の推定量 $\hat{V}(d_s)$ が得られる。$\hat{V}(d_s)$ は $V(d_s)$ の一致推定量かつ不偏推定量である（Suero et al., 2023）。また，誤差分散の推定量 $\hat{V}(d_s)$ の平方根を計算することで，標準誤差の推定量 $\widehat{SE}(d_s)$ が得られる。

$$\hat{V}(d_s) = \frac{n_A + n_B - 2}{n_A + n_B - 4} \cdot \left(\frac{n_A + n_B}{n_A n_B} + d_s^2 \right) - \frac{d_s^2}{J^2} \tag{3.37}$$

$$\widehat{SE}(d_s) = \sqrt{\hat{V}(d_s)} \tag{3.38}$$

R を用いると誤差分散および標準誤差の推定値は以下のように計算できる。

```
df <- na + nb - 2  # 自由度
J <- gamma(df / 2) / (sqrt(df / 2) * gamma((df - 1) / 2)) # 補正係数
V <- ((na + nb - 2) / (na + nb - 4)) * ((na + nb) / (na * nb) + ds
^ 2) - ds ^ 2 / J ^ 2
SE <- sqrt(V)
V  # 誤差分散の推定値
SE # 標準誤差の推定値
```

```
[1] 0.02438163  # 誤差分散の推定値
[1] 0.1561462   # 標準誤差の推定値
```

母効果量 δ_s の真値が 1 であることから，真の誤差分散は 0.023，真の標準誤差は 0.151 であるが，今回得られた推定値はこれに近い値となっている。

3.2.4　信頼区間の構成

前節で紹介した通り，標準化効果量の信頼区間を算出する方法には，1. 標準誤差を用いる方法，2. 非心分布に基づく方法，3. ブートストラップ法の 3 種類がある。3 つの方法を順に紹介する。

3.2.4.1　標準誤差を用いる方法

標準誤差を用いる方法では，効果量の標本分布を正規分布で近似することで，95% 信頼区間は以下のように構成する。

$$d_s - z_{0.025} \cdot \widehat{SE} \leq \delta_s \leq d_s + z_{0.025} \cdot \widehat{SE} \tag{3.39}$$

R を用いると標本効果量 d_s の 95% 信頼区間は以下のように求められる。

```
ds - qnorm(0.025, lower.tail = F) * SE  # 95% 信頼区間の下限値
ds + qnorm(0.025, lower.tail = F) * SE  # 95% 信頼区間の上限値
```

```
[1] 0.9679819
[1] 1.580064
```

しかし，これは簡易的な近似法であって，正確ではない。より正確な方法としては次の2種類がある。

3.2.4.2 非心分布を用いる方法

非心分布を用いる方法では，(3.40) 式で計算される検定統計量 t が対立仮説の下で，非心度 λ，自由度 df の非心 t 分布に従うことを利用して，信頼区間を構成する。

$$t = \frac{\bar{A} - \bar{B}}{\sqrt{\widehat{\sigma^2}\left(\frac{1}{n_A} + \frac{1}{n_B}\right)}} = d_s \cdot \sqrt{\frac{n_A n_B}{n_A + n_B}} \tag{3.40}$$

$$t \sim \text{Noncentral t}\,(df, \lambda) \tag{3.41}$$

$$\lambda = \delta_s \cdot \sqrt{\frac{n_A n_B}{n_A + n_B}} \tag{3.42}$$

$$\delta_s = \frac{\lambda}{\sqrt{\frac{n_A n_B}{n_A + n_B}}} = \lambda \cdot \sqrt{\frac{n_A + n_B}{n_A n_B}} \tag{3.43}$$

$$df = n_A + n_B - 2 \tag{3.44}$$

今回の例の場合，自由度 $df = 198$ の非心 t 分布を非心度 λ を変えながら描いていったとき，検定統計量 t の実現値 $t = 9.01$ が上側確率 0.975 に一致する非心度 λ_H を求める。そして，それに $\sqrt{\frac{n_A+n_B}{n_A n_B}}$ をかけることで効果量 δ_s に変換したものが効果量 d_s の信頼区間の上限値になる。同様に，検定統計量 t の実現値が非心 t 分布の上側確率 0.025 に一致する非心度 λ_L を求めて変換すれば効果量 d_s の信頼区間の下限値になる。R を用いると非心 t 分布に基づく標本効果量 d_s の

95% 信頼区間は以下のように求められる。

```
t <- ds * sqrt(na * nb / (na + nb))   # t 値
lambda.ci <- MBESS::conf.limits.nct(t.value = t, df = df,
                                    conf.level = .95) # 非心 t 分布の 95% 点
lambda.ci$Lower.Limit * sqrt((na + nb) / (na * nb)) # 95% 信頼区間の下限値
lambda.ci$Upper.Limit * sqrt((na + nb) / (na * nb)) # 95% 信頼区間の上限値
```

```
[1] 0.968447
[1] 1.576903
```

{effectsize} パッケージは非心分布を用いる方法で信頼区間を計算しているため，結果は一致する。

```
effectsize::cohens_d(A, B, ci = 0.95) |> print(digits = 7)
```

```
Cohen's d |                 95% CI
----------------------------------
1.2740228 | [0.9684470, 1.5769025]

- Estimated using pooled SD.
```

3.2.4.3　ブートストラップ法

ブートストラップ法では，標本からの復元抽出を繰り返すことでブートストラップ標本を生成し，そこから得られる近似分布（経験分布）によって標準誤差や信頼区間を求める。R を用いると BCa 法によるブートストラップ信頼区間は以下のように求められる。ここでは，はじめに標本から復元抽出された標本 i に対して標本効果量 d_s を求める関数を get_dd{ } という名前で定義した上で，$R = 5000$ 回の抽出と標本効果量の計算を繰り返している。こうして得られた 5000 個の推定値に基づき信頼区間を構成する。

```
dat <- data.frame(value = c(A, B),
                  group = factor(rep(c("A", "B"), c(length(A),
length(B)))))
get_ds <- function(dat, i) {
  resample <- dat[i, ] # リサンプリング
```

```
  A.resamp <- resample$value[resample$group == "A"]
  B.resamp <- resample$value[resample$group == "B"]
  na <- length(A.resamp)
  nb <- length(B.resamp)
  sd_pooled <- sqrt(((na - 1) * var(A.resamp) + (nb - 1) * var(B.
resamp)) / (na + nb - 2))
  ds <- (mean(A.resamp) - mean(B.resamp)) / sd_pooled # 効果量 ds
  return(ds)
}

set.seed(123)
boot.out <- boot::boot(data = dat, statistic = get_ds, R = 50000,
strata = dat$group)
boot::boot.ci(boot.out, type = "bca") # ブートストラップ信頼区間
```

```
Intervals :
Level       BCa
95%   ( 0.921,  1.595 )
```

出力結果より，標本効果量の 95% 信頼区間は [0.921, 1.595] であることが読み取れる。

3.2.5 標準化平均値差の不偏推定量

前項で紹介した標本効果量 d_s は不偏性を持たず，特に小標本においては過大推定になりがちである。そこでこのようなバイアスを補正した推定量として（3.45）式で定義される $\hat{\delta}_s$ がある[9]。標本効果量 $\hat{\delta}_s$ は，母効果量 δ_s の一致推定量かつ一様最小分散不偏推定量である（Hedges, 1981）。J は補正係数でありサンプルサイズが大きくなるにつれて 1 に近づく。

$$\hat{\delta}_s = d_s \cdot J \tag{3.45}$$

$$J = \frac{\Gamma\left(\frac{df}{2}\right)}{\sqrt{\frac{df}{2}}\Gamma\left\{\frac{(df-1)}{2}\right\}} \tag{3.46}$$

9　この効果量は一般的に Hedges' g と呼ばれる。

$$df = n_A + n_B - 2 \tag{3.47}$$

また，$\widehat{\delta_s}$ の誤差分散 $V(\widehat{\delta_s})$ およびその推定量 $\hat{V}(\widehat{\delta_s})$ は以下の式で与えられる[10]。

$$V(\widehat{\delta_s}) = V(d_s) \cdot J^2 \tag{3.48}$$

$$\hat{V}(\widehat{\delta_s}) = \hat{V}(d_s) \cdot J^2 \tag{3.49}$$

いずれも補正係数 J を乗じることでサンプルサイズが小さい場合の過大推定を補正している。R を用いると標本効果量 $\widehat{\delta_s}$ と非心 t 分布による 95% 信頼区間は以下のように計算できる。

```
ds.adj <- ds * J
ds.adj
lambda.ci$Lower.Limit * sqrt((na + nb) / (na * nb)) * J  # 95% 信頼区間の下限値
lambda.ci$Upper.Limit * sqrt((na + nb) / (na * nb)) * J  # 95% 信頼区間の上限値
```

```
[1] 1.26919
[1] 0.9647732
[1] 1.570921
```

既存の関数を利用して 95% 信頼区間を求めても結果は一致する。

```
effectsize::hedges_g(A, B, ci = 0.95) |> print(digits = 7)
```

```
Hedges' g |                 95% CI
-----------------------------------
1.2691898 | [0.9647732, 1.5709206]

- Estimated using pooled SD.
```

10　誤差分散の推定量 $\hat{V}(\widehat{\delta_s})$ については，本書で紹介したもの以外にもいくつかの計算式が提案されている。詳しくは，Suero et al.（2023）を参照。

3.2.6 シミュレーションによるバイアスの検討

これまでに紹介した標準化平均値差の2つの標本効果量が母効果量の推定量としてどのような性質を持つのかをシミュレーションによって確認しよう。以下のコードでは，各効果量について結果格納用の空のオブジェクトを作成した上で，任意のサンプルサイズnで効果量を算出する計算を$k = 10000$回繰り返している。母効果量は$\delta_s = 1$であることから，バイアスが無ければ10000個の効果量の平均（期待値）と$\delta_s = 1$の差は0に近づくはずである。

```
ds <- NULL                # 推定量 d_s の箱
ds.adj <- NULL            # 不偏推定量 δ̂_s の箱
muvec <- c(2, 1)          # 母平均ベクトル
sigma <- 1                # 母標準偏差
na <- 10 ; nb <- 10       # サンプルサイズ
df <- na + nb - 2         # 自由度
J <- exp(lgamma(df / 2) - log(sqrt(df / 2)) - lgamma((df - 1) /
2)) # 補正係数J
k <- 10000                # シミュレーション回数

set.seed(123)
for (i in 1:k) {
  A <- rnorm(na,muvec[1],sigma) # 正規分布 N(2,1) から na 個の乱数を発生
  B <- rnorm(nb,muvec[2],sigma) # 正規分布 N(1,1) から nb 個の乱数を発生
  sd_pooled <- sqrt(((na - 1) * var(A) + (nb - 1) * var(B)) / (na +
nb - 2))
  ds[i] <- (mean(A) - mean(B)) / sd_pooled    # 標本効果量 d_s
  ds.adj[i] <- ds[i] * J                      # 標本効果量 δ̂_s
}

# 真値
delta <- (muvec[1] - muvec[2]) / sigma # 母効果量 δ_s

# バイアス
mean(ds) - delta
mean(ds.adj) - delta
```

```
> mean(ds) - delta
[1] 0.03658037
> mean(ds.adj) - delta
[1] -0.007322508
```

サンプルサイズnの値を変えながら$k = 10000$回のシミュレーションを繰り返すと，表3-2のような結果が得られる。

表 3-2　標準化平均値差（等分散）の標本効果量のバイアス

ES \ n	5	10	20	30	50	100	200
d_s	0.117	0.037	0.017	0.014	0.006	0.002	0.000
$\widehat{\delta_s}$	0.008	−0.007	−0.004	0.001	−0.002	−0.002	−0.000

表3-2より，どちらの標本効果量もサンプルサイズを大きくするとバイアスが小さくなることが読み取れる。これは，どちらも一致性を持つ推定量であるためである。一方で，サンプルサイズが小さい場合には，補正係数を用いた標本効果量$\widehat{\delta_s}$の方がd_sよりもバイアスが小さいことが読み取れる。これは，標本効果量$\widehat{\delta_s}$が不偏推定量であるためである。特に，サンプルサイズが30以下の場合はその差が顕著であり，補正係数を使用した標本効果量の使用が望ましい。

3.2.7　結果の報告

2群の標準化平均値差（等分散）を報告する際には，以下の4点を報告することが推奨される。

1. 効果の方向（2つの集団のどちらからどちらを引いたか。値が正の場合はどちらの集団が大きいことになるか。）
2. 効果量の種類（d_s, $\widehat{\delta_s}$など）
3. 効果量の点推定値
4. 推定の不確実性（95% 信頼区間など）

Rを用いて以下のように結果報告の表や文章を出力することもできる。

```
na <- 100 ; nb <- 100  # サンプルサイズ
set.seed(123)          # 乱数の種の固定
```

```
A <- rnorm(na,2,1)      # 正規分布N(2,1)からna個の乱数を発生
B <- rnorm(nb,1,1)      # 正規分布N(1,1)からnb個の乱数を発生

report::report_table(t.test(A, B, var.equal = T)) # 表の出力
report::report(t.test(A, B, var.equal = T)) # 結果報告の出力
```

```
Mean_Parameter1 | Mean_Parameter2 | Difference | 95% CI       | t(198) |      p | Cohen's d | Cohen's d  CI
-----------------------------------------------------------------------------------------------------------
           2.09 |            0.89 |       1.20 | [0.94, 1.46] |   9.01 | < .001 |      1.27 | [0.97, 1.58]

The Two Sample t-test testing the difference between A and B (mean
of x = 2.09, mean of y = 0.89) suggests that the effect is
positive, statistically significant, and large (difference = 1.20,
95% CI [0.94, 1.46], t(198) = 9.01, p < .001; Cohen's d = 1.27,
95% CI [0.97, 1.58])
```

日本語での結果報告としては以下のような例が考えられる。

> 変数A（$M = 2.09, SD = 0.91$）と変数B（$M = 0.89, SD = 0.97$）の差について等分散を仮定したStudentのt検定を行ったところ検定結果は有意であり，標準偏差1.27個分に相当する差が見られた（$t(198) = 9.01, p < .001$, $\widehat{\delta_s} = 1.27$, 95% CI [0.96, 1.57]）。

3.3　独立した2群の平均値差（異分散）

前節で定義した母効果量δ_sは群間で分散が等しいことを仮定していた。しかしながら，現実世界においては群間で分散が異なるという事象にもよく遭遇する[11]。1つ目の状況は，実験デザインに由来して群間で分散が異なるというものである。2つ目の状況は，その事象の性質として本質的に分散が異なるというものである。それぞれの状況に対応する母効果量としてδ_gとδ_wが提案されている。2つの効果量を順に紹介する。

11　2つの正規母集団の等分散性が仮定できない場合に，平均の差に関する推測をどのように行うかという問題はベーレンス＝フィッシャー問題と呼ばれる。

3.3.1　介入研究における標準化平均値差の推定量

実験デザインに由来して群間で分散に差が生じると考えられる場合，等分散を仮定した効果量を用いることは望ましくない。例えば，実験群にのみ介入を行い，その介入が分散を拡大させると考えられる場合，介入を行っていない統制群の分散の推定値を効果量の計算に用いる方が適切だろう。このような考え方に基づき，2群のうち片方の群の分散（標準偏差）のみを用いる母効果量 δ_g は（3.50）式で定義されている（Glass et al., 1981）[12]。ここで，μ_E は実験群の母平均，μ_C は統制群の母平均，σ_C は統制群の母標準偏差を表している。

$$\delta_g = \frac{\mu_E - \mu_C}{\sigma_C} \tag{3.50}$$

母効果量 δ_d を標本から推定する場合，推定量として（3.51）式に示す標本効果量 d_g が提案されている（Glass et al., 1981）。標本効果量 d_g は母効果量 δ_g の一致推定量である。ここで，$\bar{E}$ は実験群の標本平均，$\bar{C}$ は統制群の標本平均，$\widehat{\sigma_C}$ は統制群の標本標準偏差（不偏分散の平方根）を表している。

$$d_g = \frac{\bar{E} - \bar{C}}{\widehat{\sigma_C}} \tag{3.51}$$

いま，2つの正規母集団 $\mathcal{N}(2, 2), \mathcal{N}(1, 1)$ から無作為抽出によって大きさ $n_E = 100, n_C = 100$ の独立な標本を得たとする。ここでは，前者を実験群，後者を統制群とする。Rを用いて以下の通りデータを生成してみよう。関数rnorm( )では，引数としてサンプルサイズ，母平均，母標準偏差の順に指定することに注意が必要である。母分散が2の場合は母標準偏差は $\sqrt{2}$ となる。

```
ne <- 100 ; nc <- 100  # サンプルサイズ
set.seed(123)          # 乱数の種の固定
E <- rnorm(ne,2,sqrt(2)) # 正規分布N(2,2)からne個の乱数を発生（実験群）
C <- rnorm(nc,1,1)       # 正規分布N(1,1)からnc個の乱数を発生（統制群）
```

12　この効果量は一般的にGlass's Δ（Delta）と呼ばれる。

得られた標本の箱ひげ図を作成すると図 3-3 のようになる。実験群の方がばらつきが大きいことが視覚的にも読み取れる。

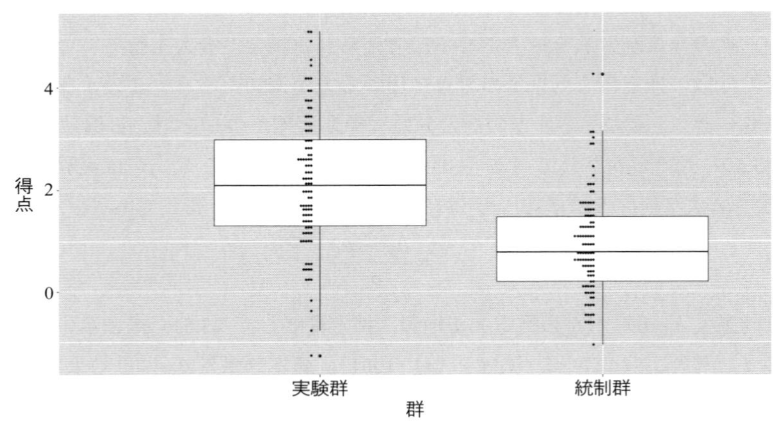

図 3-3　2 つの標本の分布

R を利用すれば，標本効果量 d_g は以下のように計算できる。

```
dg <- (mean(E) - mean(C)) / sd(C) # 標本効果量 d_g
dg
```

```
[1] 1.277577
```

既存の関数を利用した場合でも同様の結果が得られる。関数 glass_delta( ) では 2 つ目に指定したグループの標準偏差が（3.51）式の分母の計算に使用されることに注意が必要である。

```
effectsize::glass_delta(E, C, adjust = F) |> print(digits = 6)
```

```
Glass' delta |                 95% CI
-------------------------------------
1.277577     | [0.902951, 1.647161]
```

3.3.2　介入研究における標準化平均値差の標準誤差

標本効果量 d_g は，標本から計算される統計量であるため，標本によって毎回異なる値となる。この標本変動に伴う誤差分散 $V(d_g)$ は，（3.52）式で計算できる（Hedges, 1981, eq. 6b）。ここで，n_E，n_C は実験群，統制群のサンプルサイズ，Γ はガンマ関数を表す。J は補正係数でありサンプルサイズが大きくなるにつれて 1 に近づく。また，サンプルサイズが大きくなるにつれて $V(d_g)$ は 0 に近づく。

$$V(d_g) = \frac{n_c - 1}{n_c - 3} \cdot \left(\frac{n_E + n_C}{n_E n_C} + \delta_g^2\right) - \frac{\delta_g^2}{J^2} \tag{3.52}$$

$$J = \frac{\Gamma\left(\frac{df}{2}\right)}{\sqrt{\frac{df}{2}}\Gamma\left\{\frac{(df-1)}{2}\right\}} \tag{3.53}$$

$$df = n_C - 1 \tag{3.54}$$

誤差分散 $V(d_g)$ は計算式に母効果量 δ_g を含んでいるため標本から計算することができない。そこで，標本効果量 d_g を母効果量 δ_g に代入することで誤差分散の推定量 $\hat{V}(d_g)$ が得られる。また，誤差分散の推定量 $\hat{V}(d_g)$ の平方根を計算することで，標準誤差の推定量 $\widehat{SE}(d_g)$ が得られる。

$$\hat{V}(d_g) = \frac{n_C - 1}{n_C - 3} \cdot \left(\frac{n_E + n_C}{n_E n_C} + d_g^2\right) - \frac{d_g^2}{J^2} \tag{3.55}$$

$$\widehat{SE}(d_g) = \sqrt{\hat{V}(d_g)} \tag{3.56}$$

R を用いると誤差分散および標準誤差の推定値は以下のように計算できる。

```
df <- nc - 1  # 自由度
J <- gamma(df / 2) / (sqrt(df / 2) * gamma((df - 1) / 2)) # 補正係数
V <- ((nc - 1) / (nc - 3)) * ((ne + nc) / (ne * nc) + dg^2) - dg^2 / J^2
SE <- sqrt(V)
V  # 誤差分散の推定値
SE # 標準誤差の推定値
```

```
[1] 0.02897702  # 誤差分散の推定値
[1] 0.1702264   # 標準誤差の推定値
```

母効果量 δ_g の真値が 1 であることから，真の誤差分散は 0.026，真の標準誤差は 0.160 であるが，今回得られた推定値はこれに近い値となっている。

3.3.3　介入研究における標準化平均値差の不偏推定量

前項で紹介した標本効果量 d_g は不偏性を持たず，特に小標本においては過大推定になりがちである。そこでこのようなバイアスを補正した推定量として（3.57）式で定義される $\widehat{\delta_g}$ がある。標本効果量 $\widehat{\delta_g}$ は，母効果量 δ_g の一致推定量かつ一様最小分散不偏推定量である（Hedges, 1981）。ここで J は補正係数でありサンプルサイズが大きくなるにつれて 1 に近づく。

$$\widehat{\delta_g} = d_g \cdot J \tag{3.57}$$

$$J = \frac{\Gamma\left(\frac{df}{2}\right)}{\sqrt{\frac{df}{2}}\Gamma\left\{\frac{(df-1)}{2}\right\}} \tag{3.58}$$

$$df = n_c - 1 \tag{3.59}$$

また，$\widehat{\delta_g}$ の誤差分散 $V(\widehat{\delta_g})$ およびその推定量 $\hat{V}(\widehat{\delta_g})$ は以下の式で与えられる。

$$V\left(\widehat{\delta_g}\right) = V\left(d_g\right) \cdot J^2 \tag{3.60}$$

$$\hat{V}\left(\widehat{\delta_g}\right) = \hat{V}\left(d_g\right) \cdot J^2 \tag{3.61}$$

いずれも補正係数 J を乗じることでサンプルサイズが小さい場合の過大推定を補正している。R を用いると標本効果量 $\widehat{\delta_g}$ は以下のように計算できる。

```
dg.adj <- dg * J
dg.adj
```

```
[1] 1.26787
```

既存の関数を利用した場合でも同様の結果が得られる。

```
effectsize::glass_delta(E, C, adjust = T) |> print(digits = 6)
```

```
Glass' delta (adj.) |              95% CI
-------------------------------------------
1.267870            | [0.896090, 1.634646]
```

3.3.4　標準化平均値差の推定量

分散の異なる2群の標準化平均値差に関する母効果量 δ_w は（3.62）式で定義される（Cohen, 1988, p. 44; Delacre et al., 2021; Keselman et al., 2008, eq. 16）。

$$\delta_w = \frac{\mu_A - \mu_B}{\sqrt{\frac{\sigma_A^2 + \sigma_B^2}{2}}} \tag{3.62}$$

ここで，μ_A, μ_B はそれぞれ群A, 群Bの母平均，σ_A^2, σ_B^2 はそれぞれ群A, 群Bの母分散である。前節で紹介した母効果量 δ_d では2群に共通した母分散を仮定していたのに対して，母効果量 δ_w では2つの母分散を母効果量の定義式に組み込んでいる。これは，2群の平均的な標準偏差の大きさを単位として平均値差の大きさを表すことを意図している。2つの母分散が等しい場合，δ_w は δ_d に一致する。

母効果量 δ_w を標本から推定する場合，推定量として（3.63）式に示す標本効果量 d_w が提案されている[13]。標本効果量 d_g は母効果量 δ_g の一致推定量である。ここで，$\bar{A}$ は A の標本平均，$\bar{B}$ は B の標本平均，$\widehat{\sigma_A^2}$, $\widehat{\sigma_B^2}$ は各群の不偏分散を表す。

13　文献によっては，Cohen's d_s^*（Delacre et al., 2021）と表記される場合もあるので注意が必要である。

$$d_w = \frac{\bar{A} - \bar{B}}{\sqrt{\frac{\widehat{\sigma_A^2} + \widehat{\sigma_B^2}}{2}}} \tag{3.63}$$

いま，2つの正規母集団 $\mathcal{N}(2, 2), \mathcal{N}(1, 1)$ から無作為抽出によって大きさ $n_A = 100, n_B = 100$ の独立な標本を得たとする。

```
na <- 100 ; nb <- 100     # サンプルサイズ
set.seed(123)             # 乱数の種の固定
A <- rnorm(na,2,sqrt(2))    # 正規分布 N(2,2) から na 個の乱数を発生
B <- rnorm(nb,1,1)          # 正規分布 N(1,1) から nb 個の乱数を発生
```

R を利用すれば，標本効果量 d_w は以下のように計算できる。

```
dw <- (mean(A) - mean(B)) / sqrt((var(A) + var(B)) / 2)
dw
```

```
[1] 1.083199
```

既存の関数を利用して計算することもできる。ここでは，pooled_sd = F と指定することで，(3.63) 式を用いた計算を行っている。

```
effectsize::cohens_d(A, B, pooled_sd = F) |> print(digits = 6)
```

```
Cohen's d |             95% CI
--------------------------------
1.083199  | [0.783431, 1.380403]

- Estimated using un-pooled SD.
```

なお，統計的帰無仮説検定によって2群の平均値差（等分散）を検討する方法としては **Welch の t 検定**が知られており，(3.64) 式で定義される検定統計量 t_{welch} が帰無仮説の下で自由度 df_{welch} の t 分布に従うことを利用して，群間で平均値に差が無いという帰無仮説を棄却できるかどうかを判断する（Welch, 1938）[14]。ここで，$\bar{A}$ は A の標本平均，$\bar{B}$ は B の標本平均，$\widehat{\sigma_A^2}$ は A の不偏分散，$\widehat{\sigma_B^2}$ は B の不偏分散を表す。

$$t_{welch} = \frac{\bar{A} - \bar{B}}{\sqrt{\frac{\widehat{\sigma_A^2}}{n_A} + \frac{\widehat{\sigma_B^2}}{n_B}}} \tag{3.64}$$

$$df_{welch} \approx \frac{\left(\frac{\widehat{\sigma_A^2}}{n_A} + \frac{\widehat{\sigma_B^2}}{n_B}\right)^2}{\frac{\widehat{\sigma_A^4}}{n_A^2(n_A - 1)} + \frac{\widehat{\sigma_B^4}}{n_B^2(n_B - 1)}} \tag{3.65}$$

また，対立仮説の下で，検定統計量 t_{welch} は自由度 df_{welch} の非心 t 分布に従う。

$$t_{welch} \sim \text{Noncentral t}\,(df_{welch}, \lambda) \tag{3.66}$$

$$\lambda = \frac{\mu_A - \mu_B}{\sqrt{\frac{\sigma_A^2}{n_A} + \frac{\sigma_B^2}{n_B}}} \tag{3.67}$$

R を利用すれば，以下のように Welch の t 検定を実行できる。

```
t.test(A, B, var.equal = F)
```

```
        Welch Two Sample t-test

data:  A and B
t = 7.6594, df = 183.5, p-value = 1.039e-12
alternative hypothesis: true difference in means is not equal to 0
95 percent confidence interval:
 0.9171737 1.5536265
sample estimates:
mean of x mean of y
2.1278533 0.8924532
```

14　群間でサンプルサイズが等しいという仮定の下で，検定統計量 t_{welch} と標本効果量 d_w には次のような関係がある。$t_{welch} = d_w \cdot \sqrt{\frac{n_A n_B}{n_A + n_B}} = d_w \cdot \sqrt{\frac{n_A}{2}} = d_w \cdot \sqrt{\frac{n_B}{2}}$

3.3.5 標準化平均値差の標準誤差

標本効果量 d_w は，標本から計算される統計量であるため，標本によって毎回異なる値となる。この標本変動に伴う誤差分散 $V(d_w)$ は，以下の式で計算できる（Delacre et al., 2021）。ここで，n_A，n_B は各群のサンプルサイズ，Γ はガンマ関数を表す。J は補正係数でありサンプルサイズが大きくなるにつれて 1 に近づく。また，サンプルサイズが大きくなるにつれて $V(d_w)$ は 0 に近づく。

$$V(d_w) = \frac{df_{welch}}{df_{welch} - 2} \cdot \left(\frac{2 \cdot \left(\frac{\sigma_A^2}{n_A} + \frac{\sigma_B^2}{n_B} \right)}{\sigma_A^2 + \sigma_B^2} + \delta_w^2 \right) - \frac{\delta_w^2}{J^2} \tag{3.68}$$

$$J = \frac{\Gamma\left(\frac{df_{welch}}{2}\right)}{\sqrt{\frac{df_{welch}}{2}}\,\Gamma\left\{\frac{(df_{welch} - 1)}{2}\right\}} \tag{3.69}$$

誤差分散 $V(d_w)$ は計算式に母効果量 δ_w を含んでいるため標本から計算することができない。そこで，標本効果量 d_w を母効果量 δ_w に代入することで誤差分散の推定量 $\hat{V}(d_w)$ が得られる。また，誤差分散の推定量 $\hat{V}(d_w)$ の平方根を計算することで，標準誤差の推定量 $\widehat{SE}(d_d)$ が得られる。

$$\hat{V}(d_w) = \frac{df_{welch}}{df_{welch} - 2} \cdot \left(\frac{2 \cdot \left(\frac{\widehat{\sigma_A^2}}{n_A} + \frac{\widehat{\sigma_B^2}}{n_B} \right)}{\widehat{\sigma_A^2} + \widehat{\sigma_B^2}} + d_w^2 \right) - \frac{d_w^2}{J^2} \tag{3.70}$$

$$\widehat{SE}(d_w) = \sqrt{\hat{V}(d_w)} \tag{3.71}$$

R を用いると誤差分散および標準誤差の推定値は以下のように計算できる。

```
df.w <- ((var(A) / na + var(B) / nb) ^ 2) / (var(A) ^ 2 / (na ^ 2 *
(na - 1)) + var(B) ^ 2 / (nb ^ 2 * (nb - 1))) # 自由度
J <- gamma(df.w / 2) / (sqrt(df.w / 2) * gamma((df.w - 1) / 2)) #
補正係数
V <- (df.w / (df.w - 2)) * (2 * (var(A) / na + var(B) / nb) /
(var(A) + var(B)) + dw ^ 2) - dw ^ 2 / J ^ 2
SE <- sqrt(V)
```

```
V  # 誤差分散の推定値
SE # 標準誤差の推定値
```

```
[1] 0.02348385  # 誤差分散の推定値
[1] 0.1532444   # 標準誤差の推定値
```

母効果量 δ_w の真値が 0.816 であることから，真の誤差分散は 0.022，真の標準誤差は 0.149 であるが，今回得られた推定値はこれに近い値となっている。

3.3.6　標準化平均値差の不偏推定量

前項で紹介した標本効果量 d_w は不偏性を持たず，特に小標本においては過大推定になりがちである。そこでこのようなバイアスを補正した推定量として（3.73）式で定義される $\widehat{\delta_w}$ がある。両群のサンプルサイズが等しいという仮定の下で，標本効果量 $\widehat{\delta_w}$ は母効果量 δ_w の一致推定量かつ不偏推定量である。J は補正係数でありサンプルサイズが大きくなるにつれて 1 に近づく。

$$\widehat{\delta_w} = d_w \cdot J \tag{3.72}$$

$$J = \frac{\Gamma\left(\frac{df_{welch}}{2}\right)}{\sqrt{\frac{df_{welch}}{2}}\Gamma\left\{\frac{(df_{welch}-1)}{2}\right\}} \tag{3.73}$$

また，$\widehat{\delta_w}$ の誤差分散 $V(\widehat{\delta_w})$ およびその推定量 $\hat{V}(\widehat{\delta_w})$ は以下の式で与えられる。

$$V\left(\widehat{\delta_w}\right) = V(d_w) \cdot J^2 \tag{3.74}$$

$$\hat{V}\left(\widehat{\delta_w}\right) = \hat{V}(d_w) \cdot J^2 \tag{3.75}$$

いずれも補正係数 J を乗じることでサンプルサイズが小さい場合の過大推定を補正している。R を用いると標本効果量 $\widehat{\delta_w}$ と非心 t 分布による 95% 信頼区間は以下のように計算できる。

```
dw.adj <- dw * J
dw.adj

library(MBESS)
t <- dw * sqrt(na * nb / (na + nb))  # t値
lambda.ci <- MBESS::conf.limits.nct(t.value = t, df = df.w,
                                    conf.level = .95) # 非心 t 分布の
95% 点
lambda.ci$Lower.Limit * sqrt((na + nb) / (na * nb)) * J #95% 信頼区間の下限値
lambda.ci$Upper.Limit * sqrt((na + nb) / (na * nb)) * J #95% 信頼区間の上限値
```

```
[1] 1.078765
[1] 0.7802241
[1] 1.374752
```

既存の関数を利用して計算することもできる。

```
effectsize::hedges_g(A, B, pooled_sd = F) |> print(digits = 6)
```

```
Hedges' g |                95% CI
-----------------------------------
1.0787647 | [0.7802241, 1.3747524]

- Estimated using un-pooled SD.
```

3.3.7 シミュレーションによるバイアスの検討

これまでに紹介した異分散の標準化平均値差の標本効果量が母効果量の推定値としてどのような性質を持つのかをシミュレーションによって確認しよう。以下のコードでは，各効果量について結果格納用の空のオブジェクトを作成した上で，任意のサンプルサイズ n_A, n_B で効果量を算出する計算を $k = 10000$ 回繰り返している。バイアスが無ければ 10000 個の効果量の平均（期待値）と母効果量 $\delta_g = 1.000, \delta_w = 0.816$ の差は 0 に近づくはずである。

```
dg <- NULL       # 推定量 d_g の箱
dg.adj <- NULL # 不偏推定量 \hat{δ_g} の箱
dw <- NULL       # 推定量 d_w の箱
```

```
dw.adj <- NULL # 不偏推定量 δw^ の箱

muvec <- c(2, 1) # 母平均ベクトル
sigmavec <- c(sqrt(2), sqrt(1)) # 母標準偏差ベクトル
na <- 10          # サンプルサイズA
nb <- 10          # サンプルサイズB
k <- 10000        # シミュレーション回数

set.seed(123)
for (i in 1:k) {
  A <- rnorm(na,muvec[1],sigmavec[1]) # 正規分布に従う乱数A
  B <- rnorm(nb,muvec[2],sigmavec[2]) # 正規分布に従う乱数B
  df <- nb - 1   # dg の自由度
  J.g <-  exp(lgamma(df / 2) - log(sqrt(df / 2)) - lgamma((df - 1)
/ 2)) # dg の補正係数
  df.w <- ((var(A) / na + var(B) / nb) ^ 2) / (var(A) ^ 2 / (na ^ 2
    * (na - 1)) + var(B) ^ 2 / (nb ^ 2 * (nb - 1))) # dw の自由度
  J.w <- exp(lgamma(df.w / 2) - log(sqrt(df.w / 2)) - lgamma((df.w
- 1) / 2)) # dw の補正係数
  dg[i] <- (mean(A) - mean(B)) / sd(B) # 推定量 dg
  dg.adj[i] <- dg[i] * J.g # 不偏推定量 δg^
  dw[i] <- (mean(A) - mean(B)) / sqrt((var(A) + var(B)) / 2) # 推定
量 dw
  dw.adj[i] <- dw[i] * J.w # 不偏推定量 δw^
}

# 真値
delta_g <- (muvec[1] - muvec[2]) / sigmavec[2]
delta_w <- (muvec[1] - muvec[2])  / sqrt((sigmavec[1]^2 +
sigmavec[2]^2) / 2)

# バイアス
mean(dg) - delta_g
mean(dg.adj) - delta_g
mean(dw) - delta_w
mean(dw.adj) - delta_w
```

サンプルサイズ n の値を変えながら $k = 10000$ 回のシミュレーションを繰り返すと，表 3-3 のような結果が得られる。

表 3-3 より，補正係数を用いた標本効果量 $\widehat{\delta_g}$, $\widehat{\delta_w}$ の方が d_g, d_w よりもバイアスが小さいことが読み取れる。特に，サンプルサイズが 30 以下の場合はその差が顕著であり，補正係数を使用した標本効果量の使用が望ましい。

表 3-3　標準化平均値差（異分散）の標本効果量のバイアス

ES＼n	5	10	20	30	50	100	200
d_g	0.267	0.085	0.039	0.030	0.013	0.005	0.004
$\widehat{\delta_g}$	0.011	−0.009	−0.003	0.003	−0.002	−0.003	0.001
d_w	0.106	0.034	0.016	0.013	0.005	0.001	0.003
$\widehat{\delta_w}$	−0.006	−0.008	−0.003	0.004	−0.002	−0.002	0.000

3.3.8　結果の報告

2 群の標準化平均値差（異分散）を報告する際には，以下の 4 点を報告することが推奨される。

1. 効果の方向（2 つの集団のどちらからどちらを引いたか。値が正の場合はどちらの集団が大きいことになるか。）
2. 効果量の種類（d_g, $\widehat{\delta_g}$, d_w, $\widehat{\delta_w}$ など）
3. 効果量の点推定値
4. 推定の不確実性（95% 信頼区間など）
5. 標準偏差の基準集団（※ d_g, $\widehat{\delta_g}$ の場合のみ）

R を用いて以下のように結果報告の表や文章を出力することもできる。

```
na <- 100 ; nb <- 100   # サンプルサイズ
set.seed(123)           # 乱数の種の固定
A <- rnorm(na,2,sqrt(2))    # 正規分布 N(2,2) から na 個の乱数を発生
B <- rnorm(nb,1,1)          # 正規分布 N(1,1) から nb 個の乱数を発生

library(report)
report::report_table(t.test(A, B, var.equal = F))
report::report(t.test(A, B, var.equal = F))
```

```
Parameter1 | Parameter2 | Mean_Parameter1 | Mean_Parameter2 |
Difference |       95% CI | t(183.50) |      p | Cohen's d |
Cohen's d  CI
-------------------------------------------------------------------
```

```
A             |             B |              2.13 |              0.89 |
1.24 | [0.92, 1.55] |       7.66 | < .001 |        1.08 |  [0.78,
1.38]

The Welch Two Sample t-test testing the difference between A and B
(mean of x = 2.13, mean of y = 0.89) suggests that the effect is
positive statistically significant, and large (difference = 1.24,
95% CI [0.92, 1.55], t(183.50) = 7.66, p < .001; Cohen's d = 1.08,
95% CI [0.78, 1.38])
```

日本語での結果報告としては以下のような例が考えられる。

> 実験群（$M = 2.13, SD = 1.29$）と統制群（$M = 0.89, SD = 0.97$）の差についてWelchの t 検定を行ったところ検定結果は有意であり，２群の平均的な標準偏差1.08個分に相当する差が見られた（$t(183.50) = 7.66, p < .001$, $\widehat{\delta_w} = 1.08$, 95% CI [0.78, 1.37]）。これは，統制群の標準偏差を単位とした場合，標準偏差1.27個分に相当する差である（$\widehat{\delta_g} = 1.27$, 95% CI [0.94, 1.59]）。

3.4　対応のある２群の平均値差

同一集団に対する２回の測定を行い，その平均値差を検討する状況を考える。事前と事後の得点 $\boldsymbol{X}$ が多変量正規分布に従うと仮定すると，パラメータは以下のように表せる。ここで確率変数 X_1, X_2 はそれぞれ１回目と２回目の測定を表している。また，$\boldsymbol{\mu}$ は母平均ベクトル，$\boldsymbol{\Sigma}$ は分散共分散行列を表している。例えば，σ_{11}^2 は X_1 の母分散であり，$\sigma_{12}^2, \sigma_{21}^2$ は X_1 と X_2 の母共分散である。

$$\begin{pmatrix} X_1 \\ X_2 \end{pmatrix} \sim \mathrm{MultiNormal}(\boldsymbol{\mu}, \boldsymbol{\Sigma}), \tag{3.76}$$

$$\boldsymbol{\mu} = \begin{pmatrix} \mu_1 \\ \mu_2 \end{pmatrix}, \boldsymbol{\Sigma} = \begin{pmatrix} \sigma_{11}^2 & \sigma_{12}^2 \\ \sigma_{21}^2 & \sigma_{22}^2 \end{pmatrix} \tag{3.77}$$

２回の測定の差（変化）に興味がある場合，測定間の平均値差の大きさを表す効果量が有用である。このような効果量には非標準化平均値差と標準化平均値差の２種類がある。

3.4.1 非標準化平均値差

2 回の測定の母平均値差 $\mu_2 - \mu_1$ に対して，推定量 D_z は，（3.78）式で求められる。ここで，$\overline{X_1}, \overline{X_2}$ はそれぞれ X_1, X_2 の標本平均を表す。

$$D_z = \overline{X_2} - \overline{X_1} \tag{3.78}$$

これは，非標準化効果量であり，元の測定単位における比較に関心がある場合などに有用である。標本効果量 D_z は，母効果量 $\mu_2 - \mu_1$ の一致推定量かつ不偏推定量であり，前述の条件の下で平均 $\mu_2 - \mu_1$，分散 $\frac{\sigma_{11}^2+\sigma_{22}^2-(\sigma_{12}^2+\sigma_{21}^2)}{n}$ の正規分布に従う。母分散が未知の場合，第 2 章と同様に，標準化平均値差 D_z が自由度 $n-1$ の t 分布に従うことを利用して，95% 信頼区間を構成することができる。ここで，r は 2 回の測定間の相関係数を表す。これらの式より，2 回の測定間の相関係数が +1 に近づくほど標準誤差が小さくなることが読み取れる。

$$D_z - t_{0.025}(n-1) \cdot \sqrt{\frac{\widehat{\sigma_{D_z}^2}}{n}} \leq \mu_2 - \mu_1 \leq D_z + t_{0.025}(n-1) \cdot \sqrt{\frac{\widehat{\sigma_{D_z}^2}}{n}} \tag{3.79}$$

$$\widehat{\sigma_{D_z}^2} = \widehat{\sigma_{11}^2} + \widehat{\sigma_{22}^2} - \left(\widehat{\sigma_{12}^2} + \widehat{\sigma_{21}^2}\right) = \widehat{\sigma_{11}^2} + \widehat{\sigma_{22}^2} - (2r \cdot \widehat{\sigma_{11}} \cdot \widehat{\sigma_{22}}) \tag{3.80}$$

いま，以下のパラメータを持つ多変量正規分布から無作為抽出によって $n = 100$ の標本を得たとする。

$$\boldsymbol{\mu} = \begin{pmatrix} 1 \\ 2 \end{pmatrix}, \boldsymbol{\Sigma} = \begin{pmatrix} 1 & 0.5 \\ 0.5 & 1 \end{pmatrix} \tag{3.81}$$

R では rmvnorm ( ) 関数によって，任意のパラメータの多変量正規分布に従う乱数を発生させることができる。発生する乱数は毎回変わるが，乱数の種を任意の値で固定することで同じ結果を再現することができる。

```
library(mvtnorm)
sigma <- matrix(c(1, 0.5, 0.5, 1), byrow = TRUE, ncol = 2) # 分散共
分散行列
mu <- c(1, 2) # 母平均ベクトル
n <- 100   # サンプルサイズ
set.seed(123) # 乱数の種の固定
```

```
dat.mv <- mvtnorm::rmvnorm(n = n, mean = mu, sigma = sigma) # 多変量
正規分布に従う乱数
dat <- data.frame(dat.mv) # データフレームへ変換
colnames(dat) <- c("t1", "t2") # 変数名を指定
```

得られた標本の箱ひげ図を作成すると図 3-4 のようになる。

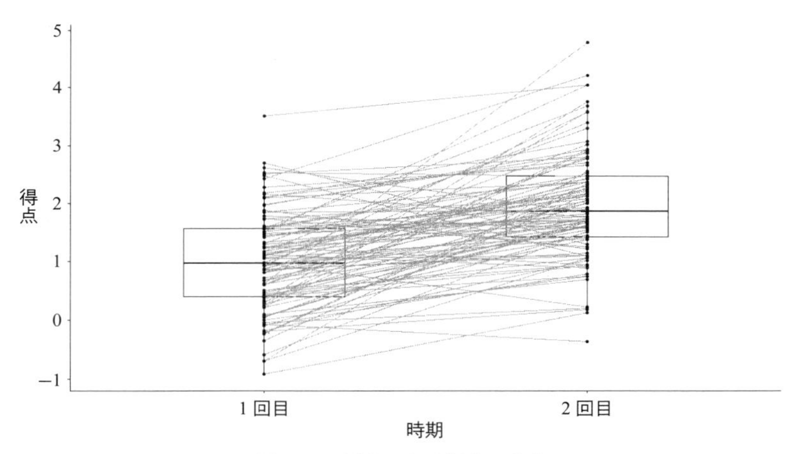

図 3-4　対応のある標本の分布

まずは，差得点の分散を求めてみよう。(3.80) 式にも示した通り，2 変数の分散・共分散から計算した結果と，差得点の変数を作成してからその分散を計算した結果は一致する。

```
V1 <- var(dat$t1) # t1 の分散
V2 <- var(dat$t2) # t2 の分散
VD <- V1 + V2 - (2 * cor(dat$t1, dat$t2) * sqrt(V1 * V2)) # 差得点の
分散
dat$diff <- dat$t2 - dat$t1 # 差得点
V <- var(dat$diff)  # 差得点の分散
VD
V
```

```
[1] 1.044137
```

次に，非標準化平均値差 D_z とその 95% 信頼区間を求めてみよう。

```
Dz <- mean(dat$t2) - mean(dat$t1) # 非標準化平均値差
Dz - qt(0.025, n - 1, lower.tail = F) * sqrt(V/n) # 95% 信頼区間の下限値
Dz + qt(0.975, n - 1) * sqrt(V / n)                # 95% 信頼区間の上限値
```

```
[1] 0.7769145
[1] 1.182421
```

出力結果より，95% 信頼区間は [0.78, 1.18] であることが分かる。既存の関数を利用して 95% 信頼区間を求めても結果は一致する。

```
res <- t.test(dat$t2, dat$t1, paired = T, conf.level = 0.95) # 既存の関数を利用した場合
res$conf.int
```

```
[1] 0.7769145 1.1824211
attr(,"conf.level")
[1] 0.95
```

3.4.2 標準化平均値差の推定量

2 回の測定間の標準化平均値差に関する母効果量 δ_z は，以下の式で定義される。ここで，μ_1, μ_2 はそれぞれ 1 回目と 2 回目の測定値の母平均，ρ は 2 回の測定間の母相関係数，σ_{D_z} は 2 回の測定の差得点の母標準偏差を表す。標準偏差で割って標準化することで，単位に依存せず研究間で比較可能な標準化効果量になっている。

$$\delta_z = \frac{\mu_2 - \mu_1}{\sqrt{\sigma_{11}^2 + \sigma_{22}^2 - (2\rho \cdot \sigma_{11} \cdot \sigma_{22})}} = \frac{\mu_2 - \mu_1}{\sigma_{D_z}} = \frac{\mu}{\sigma_{D_z}} \tag{3.82}$$

ところで，$\mu_2 - \mu_1$ は差得点の母平均でもあることから，差得点の母平均を μ とおくと，母効果量 δ_z は μ/σ と表現できる。これは，3.1.2 で扱った母効果量

δ_c を $c=0$ と制約したものである。よって，δ_z は δ_c の一例にすぎず，推定量も 3.1.2 と同様に考えることができる。母効果量 δ_z を標本から推定する場合，推定量として以下のような標本効果量 d_z が提案されている（Cohen, 1988）[15]。標本効果量 d_z は母効果量 δ_z の一致推定量である。ここで，$\overline{X_1}, \overline{X_2}$ はそれぞれ X_1, X_2 の標本平均，$\widehat{\sigma^2_{D_z}}$ は差得点の不偏分散を表す。

$$d_z = \frac{\overline{X_2} - \overline{X_1}}{\sqrt{\widehat{\sigma^2_{D_z}}}} \tag{3.83}$$

R を用いて，標本効果量 d_z を計算してみよう。使用するデータは 3.4.1 と同じである。

```
dz <- Dz / sqrt(V)
dz
```

```
[1] 0.9587383
```

既存の関数を利用しても結果は一致する。

```
effectsize::cohens_d(dat$diff, mu = 0) |> print(digits = 7)
```

```
Cohen's d |                 95% CI
----------------------------------
0.9587383 | [0.7199820, 1.1941181]
```

なお，統計的帰無仮説検定によって対応のある 2 群の平均値差を検討する方法としては対応のある t 検定が知られており，（3.84）式で定義される検定統計量 t が帰無仮説の下で自由度 $n-1$ の t 分布に従うことを利用して，測定間で平均値に差が無い（$\mu_1 = \mu_2$）という帰無仮説を棄却できるかどうかを判断する。ここで，$\overline{X_1}, \overline{X_2}$ はそれぞれ X_1, X_2 の標本平均，$\widehat{\sigma^2_{D_z}}$ は差得点の不偏分散を表す。

15　Cohen はこの推定量を d'_z と表現している。

$$t = \frac{\overline{X_2} - \overline{X_1}}{\sqrt{\widehat{\sigma^2_{D_z}}/n}} = d_z \cdot \sqrt{n} \tag{3.84}$$

Rを利用すれば，以下のように対応のあるt検定を実行できる。

```
t.test(Pair(t2, t1) ~ 1, data = dat) # 対応のあるt検定
```

```
Paired t-test

data:  Pair(t2, t1)
t = 9.5874, df = 99, p-value = 8.695e-16
alternative hypothesis: true mean difference is not equal to 0
95 percent confidence interval:
 0.7769145 1.1824211
sample estimates:
mean difference
      0.9796678
```

3.4.3　信頼区間の構成

3.1と同様，検定統計量tが，非心度λ，自由度dfの非心t分布に従うことを利用して，信頼区間を構成する[16]。

$$t \sim \text{Noncentral t}\,(df, \lambda) \tag{3.85}$$

$$\lambda = \delta_z \cdot \sqrt{n} \tag{3.86}$$

$$df = n - 1 \tag{3.87}$$

今回の例の場合，自由度$df = 99$の非心t分布を非心度λを変えながら描いていったとき，検定統計量tの実現値$t = 9.587$が上側確率0.975に一致する非心度λ_Hを求める。そして，それを$\sqrt{n}$で割ることで効果量δ_zに変換したものが効果量d_zの信頼区間の上限値になる。同様に，検定統計量tの実現値が非心t

16　$\mu_1 = \mu_2$の場合，非心度λは0となり，非心t分布はt分布に一致する。

分布の上側確率 0.025 に一致する非心度 λ_L を求めて変換すれば効果量 d_z の信頼区間の下限値になる。R を用いると非心 t 分布に基づく標本効果量 d_z の 95% 信頼区間は以下のように求められる。

```
t <- dz * sqrt(n)   # t 値
df <- n - 1 # 自由度
lambda.ci <- MBESS::conf.limits.nct(t.value = t, df = df,
                          conf.level = .95) # 非心 t 分布の 95% 点
lambda.ci$Lower.Limit / sqrt(n)    # 95% 信頼区間の下限値
lambda.ci$Upper.Limit / sqrt(n)    # 95% 信頼区間の上限値
```

```
[1] 0.719982
[1] 1.194118
```

3.4.4　標準化平均値差の不偏推定量

前項で紹介した標本効果量 d_z は不偏性を持たず，特に小標本においては過大推定になりがちである。そこでバイアスを補正した推定量として，(3.88) 式で定義される $\widehat{\delta_z}$ がある。標本効果量 $\widehat{\delta_z}$ は，母効果量 δ_z の一致推定量かつ一様最小分散不偏推定量である。

$$\widehat{\delta_z} = d_z \cdot J \tag{3.88}$$

$$J = \frac{\Gamma\left(\frac{df}{2}\right)}{\sqrt{\frac{df}{2}}\Gamma\left\{\frac{(df-1)}{2}\right\}} \tag{3.89}$$

$$df = n - 1 \tag{3.90}$$

R を用いると標本効果量 $\widehat{\delta_z}$ と非心 t 分布による 95% 信頼区間は以下のように計算できる。

```
J <- gamma(df / 2) / (sqrt(df / 2) * gamma((df - 1) / 2)) # 補正係数 J
dz.adj <- dz * J
dz.adj
```

```
lambda.ci <- MBESS::conf.limits.nct(t.value = t, df = df,
                                    conf.level = .95) # 非心t分布の
95%点
lambda.ci$Lower.Limit / sqrt(n) * J  # 95%信頼区間の下限値
lambda.ci$Upper.Limit / sqrt(n) * J  # 95%信頼区間の上限値
```

```
[1] 0.9514536
[1] 0.7145114
[1] 1.185045
```

既存の関数を利用して95%信頼区間を求めても結果は一致する[17]。

```
effectsize::hedges_g(dat$diff, mu = 0) |> print(digits = 7)
```

```
Hedges' g |                95% CI
----------------------------------
0.9514536 | [0.7145115, 1.1850450]
```

3.4.5　独立した2群の標準化平均値差との比較

ところで，3.2節で扱った独立した2群の標準化平均値差は以下のように定義されていた。

$$\delta_s = \frac{\mu_A - \mu_B}{\sigma} = \frac{\mu_A - \mu_B}{\sqrt{\sigma^2}} \tag{3.91}$$

これを，母効果量 δ_z の式と比較すると，2つの推定量の間には以下の関係があることが導かれる。

$$\delta_z = \frac{\mu_2 - \mu_1}{\sigma_{D_z}} = \frac{\mu_2 - \mu_1}{\sqrt{\sigma_{11}^2 + \sigma_{22}^2 - (2 \cdot \rho \cdot \sigma_{11} \cdot \sigma_{22})}} = \frac{\mu_2 - \mu_1}{\sqrt{2\sigma^2 - (2 \cdot \rho \cdot \sigma^2)}}$$

$$= \frac{\mu_2 - \mu_1}{\sigma \cdot \sqrt{2 \cdot (1 - \rho)}} = \frac{\delta_s}{\sqrt{2 \cdot (1 - \rho)}} \tag{3.92}$$

この関係性を利用すれば，独立した2群の標準化平均値差と比較可能な効果

17　別記法として以下のような関数を用いる方法もあるが，信頼区間の計算に標準誤差と正規分布による近似方法を用いているため，信頼区間は一致しない。
effectsize::rm_d(Pair(t2, t1) ~ 1, data = dat, method = "z", adjust = T)

量として，以下に示す母効果量 δ_{rm} が定義できる。母効果量 δ_{rm} は 2 回の測定を独立と見なした場合の標準化平均値差を表している。

$$\delta_{rm} = \delta_z \cdot \sqrt{2 \cdot (1 - \rho)} \tag{3.93}$$

母効果量 δ_{rm} を標本から推定する場合，推定量として以下のような標本効果量 d_{rm} が提案されている（Cohen, 1988, pp. 48–50; Lakens, 2013）。ここで，$\overline{X_1}$, $\overline{X_2}$ はそれぞれ X_1, X_2 の標本平均，$\widehat{\sigma^2_{D_z}}$ は差得点の不偏分散，r は 2 回の測定間の標本相関係数を表す。

$$d_{rm} = d_z \cdot \sqrt{2 \cdot (1 - r)} = \frac{\overline{X_2} - \overline{X_1}}{\sqrt{\widehat{\sigma^2_{D_z}}}} \cdot \sqrt{2 \cdot (1 - r)} \tag{3.94}$$

R を利用すれば，標本効果量 d_{rm} は以下のように計算できる。

```
r <- cor(dat$t1, dat$t2)
drm <- dz * sqrt(2 * (1 - r))
drm
```

```
[1] 1.081488
```

既存の関数を利用した場合でも同様の結果が得られる。

```
effectsize::repeated_measures_d(Pair(t2, t1) ~ 1, data = dat,
method = "rm", adjust = F) |> print(digits = 7)
```

```
d (rm)    |                 95% CI
----------------------------------
1.0814880 | [0.8031592, 1.3598167]
```

3.4.6　結果の報告

対応のある 2 群の標準化平均値差を報告する際には，以下の 4 点を報告することが推奨される。

1. 効果の方向（2 回の測定のどちらからどちらを引いたか。）
2. 効果量の種類（d_z, $\hat{\delta}_z$ など）
3. 効果量の点推定値
4. 推定の不確実性（95% 信頼区間など）
5. 測定値間の相関（r）

R を用いて以下のように結果報告の表や文章を出力することもできる。

```
report::report_table(t.test(Pair(t2, t1) ~ 1, data = dat))
report::report(t.test(Pair(t2, t1) ~ 1, data = dat))
```

```
Paired t-test

Parameter     | Group | Difference | t(99) |       p |        95% CI |
d |         d  CI
-------------------------------------------------------------------
Pair(t2, t1) |       |       0.98 |  9.59 | < .001 | [0.78, 1.18]
| 0.96 | [0.72, 1.20]

The Paired t-test testing the difference between Pair(t2, t1) (mean
difference = 0.98) suggests that the effect is positive,
statistically significant, and large (difference = 0.98, 95% CI
[0.78, 1.18], t(99) = 9.59, p < .001; Cohen's d = 0.96, 95% CI
[0.72, 1.20])
```

日本語での結果報告としては以下のような例が考えられる。

> 事前テスト（$M = 1.00$, $SD = 0.86$）と事後テスト（$M = 1.98$, $SD = 0.94$）の得点差について対応のある t 検定を行ったところ検定結果は有意であり，標準偏差 0.96 個分に相当する差が見られた（$t(99) = 9.59$, $p < .001$, $d_z = 0.96$, 95% CI [0.72, 1.20]）。なお，事前テストと事後テストの相関は $r = .36$ であった。

3.5　同時信頼区間の構成

ここまで，単一の標準化平均値差の不確実性を評価する方法として（個別）信頼区間の構成法を紹介してきた。しかしながら，研究によっては複数の標準化平均値差の不確実性を同時に評価したい場合がある。そのような場合，全体の危険率 α を同時に調整した**同時信頼区間**（simultaneous confidence interval）を構成することが考えられる。例えば，3 つの標準化平均値差を評価する場合，3 つの個別信頼区間にそれぞれの母効果量が同時に入っている確率が 95% であるような 95% 同時信頼区間を構成することができる。

同時信頼区間を構成するためには任意の多重比較の補正法を用いればよい。例えば，**ボンフェローニの補正法**（Bonferroni correction）を用いる場合は，(3.95) 式で示される水準に個別信頼区間を調整すればよい（Dunn, 1961）。ここで，α は危険率，m は比較する効果量の個数を表す。

$$\mathrm{CI}_{Bonferroni} = 1 - \frac{\alpha}{m} \tag{3.95}$$

シダックの補正法（Šidák correction）を用いる場合は，(3.96) 式で示される水準に個別信頼区間を調整すればよい（Šidák, 1967）。

$$\mathrm{CI}_{Sidak} = (1 - \alpha)^{\frac{1}{m}} \tag{3.96}$$

R を用いると同時信頼区間は以下のように計算できる。ここでは例として，3 つの個別信頼区間にそれぞれの母効果量が同時に入っている確率が 95% であるような 95% 同時信頼区間を構成する。

```
# データ生成
set.seed(123)  # 乱数の種の固定
n <- 100   # サンプルサイズ
A <- rnorm(n,3,1) # 正規分布 N(3,1) から n 個の乱数を発生
B <- rnorm(n,2,1) # 正規分布 N(2,1) から n 個の乱数を発生
C <- rnorm(n,1,1) # 正規分布 N(1,1) から n 個の乱数を発生

# 多重比較の補正
alpha <- 0.05 # 個別信頼区間の α
m <- 3          # 比較する効果量の数
```

```
ci.bonf <- 1 - alpha / m      # ボンフェローニの補正法
ci.sidak <- (1 - alpha) ^ (1 / m)  # シダックの補正法

# 個別信頼区間（95% 信頼区間）
effectsize::cohens_d(A, B, ci = 0.95)
effectsize::cohens_d(A, C, ci = 0.95)
effectsize::cohens_d(B, C, ci = 0.95)

# ボンフェローニの補正法に基づく同時信頼区間
effectsize::cohens_d(A, B, ci = ci.bonf)
effectsize::cohens_d(A, C, ci = ci.bonf)
effectsize::cohens_d(B, C, ci = ci.bonf)

# シダックの補正法に基づく同時信頼区間
effectsize::cohens_d(A, B, ci = ci.sidak)
effectsize::cohens_d(A, C, ci = ci.sidak)
effectsize::cohens_d(B, C, ci = ci.sidak)
```

```
> effectsize::cohens_d(A, B, ci = 0.95) # 個別信頼区間
Cohen's d |       95% CI
------------------------
1.27      | [0.97, 1.58]

> effectsize::cohens_d(A, B, ci = ci.bonf) # ボンフェローニの補正法
Cohen's d |  98.3333% CI
------------------------
1.27      | [0.90, 1.64]

> effectsize::cohens_d(A, B, ci = ci.sidak) # シダックの補正法
Cohen's d |  98.3048% CI
------------------------
1.27      | [0.90, 1.64]
```

出力結果より，個別信頼区間と比べて同時信頼区間は範囲が広くなっていることが読み取れる。

3.6　信頼性に基づく補正

心理学・教育学の分野で用いられる測定においてはその信頼性が問題となる場合がある。測定の信頼性が低い場合，効果量が少なく見積もられる減衰が生じる。この問題に対して，測定の信頼性が分かっていればそれに応じた補正を行うことができる（Hunter & Schmidt, 2004; Wiernik & Dahlke, 2020）。例えば，標準化平均値差とその誤差分散については，（3.97）式で補正できる。ここで，r_{yy} は測定の信頼性係数を表す[18]。

$$d_{sc} = \frac{d_s}{\sqrt{r_{yy}}} \tag{3.97}$$

また，信頼性の補正後の標本効果量 d_{sc} の誤差分散の推定値は以下のように計算できる。

$$\hat{V}(d_{sc}) = \frac{\hat{V}(d_s)}{r_{yy}} \tag{3.98}$$

実際には，信頼性係数の推定にも不確実性が伴うものであるが，ここでは $r_{yy} = 0.7$ として 3.2.2 で扱った標準化平均値差の補正を行ってみよう。R を用いると信頼性の補正は以下のように計算できる。

```
na <- 100 ; nb <- 100    # サンプルサイズ
set.seed(123)            # 乱数の種の固定
A <- rnorm(na,2,1)       # 正規分布 N(2,1) から m 個の乱数を発生
B <- rnorm(nb,1,1)       # 正規分布 N(1,1) から n 個の乱数を発生
ryy <- 0.7  # 信頼性係数

ds <- effectsize::cohens_d(A, B)$Cohens_d    # Cohen's d_s
dsc <- ds / sqrt(ryy)
dsc
```

```
[1] 1.522748
```

18　古典的テスト理論の枠組みにおいては，測定値 Y を真値 T と測定誤差 E に分解できると考え，測定値の分散 σ_Y^2 に占める真値の分散 σ_T^2 の割合を信頼性係数 p_{yy} として定義する。ただし，真値と測定誤差は独立であることを仮定している。標本から求めた信頼性係数の推定値は r_{yy} と表記する。

$$Y = T + E, \qquad \sigma_Y^2 = \sigma_T^2 + \sigma_E^2, \qquad p_{yy} = \frac{\sigma_T^2}{\sigma_Y^2}$$

信頼性の補正がどのような効果を持つのかをシミュレーションによって確認しよう。以下のコードでは，補正前後の効果量について結果格納用の空のオブジェクトを作成した上で，任意の設定で乱数を発生させて標本効果量を算出する計算を $k = 2000$ 回繰り返している。ここでは，測定変数の信頼性を $r_{yy} = 0.7$，母効果量を $\delta_s = 1$，両群のサンプルサイズを 100 と設定する。バイアスが無ければ補正済み効果量 d_{sc} の平均（期待値）と $\delta = 1$ の差は 0 に近づくはずである。

```
ds <- NULL    # 空のオブジェクト
dsc <- NULL   # 空のオブジェクト
k <- 2000     # シミュレーション回数
ryy <- 0.7    # 信頼性係数
delta <- 1.0 # 母効果量δs
na <- 100   # グループ 1 のサンプルサイズ
nb <- 100   # グループ 2 のサンプルサイズ

set.seed(123)
for (i in 1:k) {
  dat1_true <- rnorm(na)
  error1 <- rnorm(na, sd = sqrt(var(dat1_true) * (1 - ryy) / ryy))
  dat2_true <- rnorm(nb, mean = delta, sd = 1)
  error2 <- rnorm(nb, sd = sqrt(var(dat2_true) * (1 - ryy) / ryy))
  dat1_rea <- dat1_true + error1
  dat2_rea <- dat2_true + error2
  ds[i] <- effectsize::cohens_d(dat2_rea, dat1_rea)$Cohens_d
  dsc[i] <- ds[i] / sqrt(ryy)
}

# バイアス
mean(ds) - delta
mean(dsc) - delta
```

```
> mean(ds) - delta
[1] -0.1584877
> mean(dsc) - delta
[1] 0.005799518
```

シミュレーション結果より，信頼性の補正を行うことでバイアスが減少したことが読み取れる。本節では効果量の補正法として信頼性の補正を紹介したが，その他にも誤分類の補正や範囲制限の補正など，多くの補正法が提案されている。詳細については，Jané（2023）などを参照されたい。

第4章 分散分析の効果量

本章では，分散分析（要因計画）に関する効果量とその信頼区間の計算方法を紹介する。4.1 節では，等分散を仮定した被験者間 1 要因分散分析モデルに対応する効果量を扱う。4.2 節では，等分散を仮定しない場合の被験者間 1 要因分散分析モデルに対応する効果量を扱う。4.3 節では，被験者間 2 要因分散分析モデルに対応する効果量を扱う。4.4 節では，より複雑なモデルに対応する効果量を扱う。

4.1 被験者間 1 要因分散分析モデル（等分散）

無作為に割り付けられた複数の群について群間で平均値を比較する状況を考える。群 j における i 番目のデータを Y_{ij} と表現し，群間で母平均 μ_j の異なる正規分布にそれぞれ独立に従うとする。ここでは群間で分散 σ_e^2 が等しいと仮定する。また，n_j は群 j におけるサンプルサイズ，g は群の数を表す。

$$Y_{ij} \sim \mathcal{N}\left(\mu_j, \sigma_e^2\right) \qquad \left(i = 1, \dots, n_j\right)\left(j = 1, \dots, g\right) \tag{4.1}$$

群間の平均値差を示す効果量には，群間の平均値の分散を表現する信号比と，分散の説明率を表現する決定係数の 2 種類がある。

4.1.1 群間の平均値のばらつき

群間の平均値のばらつきに関する母効果量 σ_b は（4.2）式で定義される（Cohen, 1988, p. 275）。ここで，N は全体のサンプルサイズ，μ_j は群 j の母平均，

μ はすべての群を合わせた全体の母平均，g は群の数を表す。これは，μ_j の標準偏差を表現しており，群間で平均値のばらつきが大きくなるほど大きな値を示す非標準化効果量の一種である。σ_b は定義上，0 を下回ることは無い。

$$\sigma_b = \sqrt{\frac{1}{N}\sum_{j=1}^{g} n_j(\mu_j - \mu)^2} \tag{4.2}$$

$$\mu = \frac{1}{g}\sum_{j=1}^{g} \mu_j \tag{4.3}$$

母効果量 σ_b を標本から推定する場合，推定量として以下のような標本効果量 $\widehat{\sigma_b}$ が提案されている。ここで，$\bar{Y}_j$ は群 j の標本平均，$\bar{Y}$ はすべての群の標本平均を表す。標本効果量 $\widehat{\sigma_b}$ は母効果量 σ_b の一致推定量である。

$$\widehat{\sigma_b} = \sqrt{\frac{1}{N}\sum_{j=1}^{g} n_j(\bar{Y}_j - \bar{Y})^2} \tag{4.4}$$

いま，3 つの正規母集団 $\mathcal{N}(3, 1)$, $\mathcal{N}(4, 1)$, $\mathcal{N}(5, 1)$ から無作為抽出によってそれぞれ大きさ $n = 100$ の独立な標本を得たとする。

```
muvec <- c(3, 4, 5) # 母平均ベクトル
sigma <- 1           # 群間で共通の母分散
n <- 100             # 各群のサンプルサイズ
g <- length(muvec)   # 群の数
N <- g * n           # 全体のサンプルサイズ
set.seed(125)        # 乱数の種の固定
A <- rnorm(n,muvec[1],sigma)  # 群A
B <- rnorm(n,muvec[2],sigma)  # 群B
C <- rnorm(n,muvec[3],sigma)  # 群C
group <- rep(c("A", "B", "C"), each = n) # 群名のベクトル
dat <- data.frame(group = group, outcome = c(A, B, C)) # 完成したデータフレーム
```

得られた標本の箱ひげ図を作成すると図 4-1 のようになる。

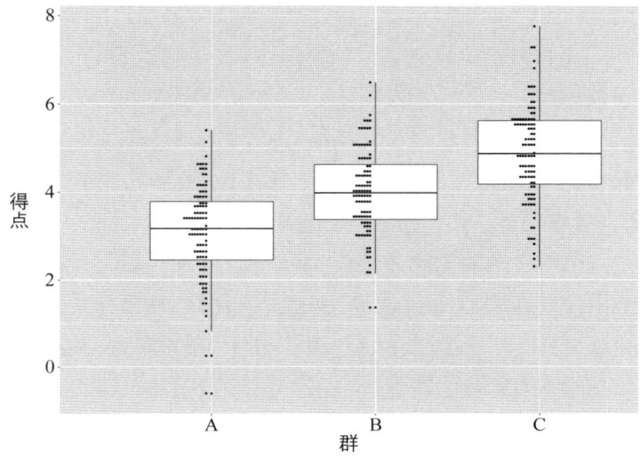

図 4-1　3 つの群の分布

得られた標本から標本効果量 $\widehat{\sigma_b}$ を計算すると次のようになる。母効果量 σ_b は 0.816 であり，標本抽出に伴う誤差が存在する。

```
# 平均値のばらつき（群間標準偏差）
sqrt(sum((tapply(dat$outcome, dat$group, mean) - mean(dat$outcome)) ^ 2) / g)
```

```
[1] 0.7713351
```

4.1.2　信号比の推定量

群間分散 σ_b を標準化した母効果量 ϕ は（4.5）式で定義される（Cohen, 1988, p. 275）[1]。ここで，σ_e は群間で共通な母標準偏差である。

$$\phi = \frac{\sigma_b}{\sigma_e} \tag{4.5}$$

1　Cohen はこの母効果量を f と表現しており（Cohen, 1988, p. 275），この効果量は一般的に Cohen's f と呼ばれる。しかし，本書では母効果量にはギリシャ文字を用いる方針のため，母効果量には ϕ（ファイ），標本効果量には f の記号を用いる。

これは，3.2 節で扱った独立した 2 群の平均値差と同様に，群間の平均値のばらつきを群内の標準偏差で割ることで標準化したものだと解釈できる。また，要因による群間のばらつき（意味のある信号）が要因で説明できない群内のばらつき（雑音）と比べてどれくらいの大きさであるかを表すものであることから，**信号対雑音比**（signal-to-noise ratio）と呼ばれることもある（Maxwell et al., 2017, p. 126）。本書では，この効果量を**信号比**と呼ぶ。

母効果量 ϕ を標本から推定する場合，推定量として（4.6）式に示す標本効果量 f が提案されている（Maxwell et al., 2017, eq. 107）。標本効果量 f は母効果量 ϕ の一致推定量である。ここで，F は群間と群内の**平均平方**（Mean Square, MS）の比であり，分散分析の検定統計量として用いられる値である。SS_b は群間の平方和，SS_w は群内の平方和，df_b は群間の自由度，df_w は群内の自由度を表す。

$$f = \frac{\widehat{\sigma_b}}{\widehat{\sigma_e}} = \frac{SS_b}{SS_w} = \sqrt{F \cdot \frac{df_b}{df_w}} = \sqrt{F \cdot \frac{g-1}{N-g}} \tag{4.6}$$

$$F = \frac{MS_{between}}{MS_{within}} = \frac{\sum_j n_j\left(\bar{Y}_j - \bar{Y}\right)^2}{g-1} \cdot \frac{N-g}{\sum_j \sum_i \left(Y_{ij} - \bar{Y}_j\right)^2} \tag{4.7}$$

R を利用すれば，検定統計量 F および標本効果量 f は以下のように計算できる。

```
dfb <- g-1 # 群間の自由度
dfw <- N-g # 群内の自由度
MSb <- sum((tapply(dat$outcome, dat$group, mean) -
mean(dat$outcome)) ^ 2) * n / dfb # 群間の平均平方
MSw <- sum(tapply(dat$outcome, dat$group, var) * (n - 1)) / dfw #
群内の平均平方
F <- MSb / MSw  # F 値
f <- sqrt(F * (g - 1) / (N - g)) # 標本効果量 f
F
f
```

```
[1] 73.30144                # 検定統計量 F
[1] 0.7025755               # 標本効果量 f
```

なお，統計的帰無仮説検定によって多群の平均値差（等分散）を検討する方法としては**分散分析**（Analysis of Variance, **ANOVA**）が知られており，検定統計

量 F が帰無仮説の下で自由度 $df_b = g - 1$ と $df_w = N - g$ の F 分布に従うことを利用して，群間で平均値に差が無い（$\mu_1 = \mu_2 = \cdots = \mu_g$）という帰無仮説を棄却できるかどうかを判断する。既存の関数を利用すると以下の通り分散分析を実行できる。

```
res <- aov(lm(outcome ~ group, data = dat)) # 分散分析
summary(res)
```

```
             Df Sum Sq Mean Sq F value Pr(>F)
group         2  158.6   79.29    73.3 <2e-16 ***
Residuals   297  321.3    1.08
```

4.1.3　信号比の信頼区間

検定統計量 F が対立仮説の下で自由度 $df_b = g - 1$ と $df_w = N - g$，非心度 λ の**非心 F 分布**（noncentral F-distribution）に従うことを利用すると，標本効果量 f の信頼区間を構成できる[2]。

$$F \sim \text{Noncentral F}\,(df_b, df_w, \lambda) \tag{4.8}$$

$$df_b = g - 1 \tag{4.9}$$

$$df_w = N - g \tag{4.10}$$

$$\lambda = \phi^2 \cdot df_w \tag{4.11}$$

今回の例の場合，自由度 2 と 297 の非心 F 分布を非心度 λ を変えながら描いていったとき，検定統計量 F の実現値 $F = 73.301$ が上側確率 0.975 に一致する非心度 λ_H を求める。そして，それに $1/df_w$ をかけて平方根をとることで効果量 ϕ に変換したものが効果量 f の信頼区間の上限値になる。同様に，検定統計量 F の実現値が非心 F 分布の上側確率 0.025 に一致する非心度 λ_L を求めて変換すれば効果量 f の信頼区間の下限値になる。R を用いると非心 F 分布に基づく

2　群間で平均値に差が無い（$\mu_1 = \mu_2 = \cdots = \mu_g$）場合，非心度 λ は 0 となり，非心 F 分布は F 分布に一致する。

標本効果量 f の 95% 信頼区間は以下のように求められる。

```
library(MBESS)
lambda.ci <-
  MBESS::conf.limits.ncf(
    F.value = F,
    df.1 = dfb,
    df.2 = dfw,
    conf.level = .95
  ) # 非心 F 分布の 95% 点
sqrt(lambda.ci$Lower.Limit / dfw)  # 95% 信頼区間の下限値
sqrt(lambda.ci$Upper.Limit / dfw)  # 95% 信頼区間の上限値
```

```
[1] 0.5724101
[1] 0.8269024
```

既存の関数を利用しても結果は一致する。出力結果より，95% 信頼区間は [0.57, 0.83] であることが分かる。

```
library(effectsize)
effectsize::cohens_f(res, alternative = "two.sided") |>
print(digits = 7)
```

```
# Effect Size for ANOVA

Parameter | Cohen's f |          95% CI
-------------------------------------------
group     | 0.7025755 |     [0.5724101, 0.8269024]
```

次に，ブートストラップ法を用いて 95% 信頼区間を求めてみよう。R を用いると BCa 法によるブートストラップ信頼区間は以下のように求められる。ここでは，はじめに標本から復元抽出された標本 i に対して標本効果量 f を求める関数を get_f{} という名前で定義した上で，$R = 5000$ 回の抽出と標本効果量の計算を繰り返している。こうして得られた 5000 個の推定値に基づき信頼区間を構成する。

```
get_f <- function(dat, i) {
  res <- anova(lm(outcome ~ group, data = dat[i, ])) # 分散分析の結果
```

```
  f <-  sqrt(res$`F value`[1] * res$Df[1] / res$Df[2]) # 標本効果量 f
  return(f)
}

library(boot)
set.seed(123)
boot_out <- boot::boot(dat, statistic = get_f, strata = dat$group,
R = 5000)
boot::boot.ci(boot_out, type = "bca")
```

```
Intervals :
Level       BCa
95%   ( 0.5742,  0.8226 )
```

出力結果より，標本効果量の 95% 信頼区間は [0.57, 0.82] であることが読み取れる。

4.1.4　信号比の推定量の補正

前項で紹介した標本効果量 f は不偏性を持たず，特に小標本においては過大推定になりがちである。そこでこのようなバイアスを補正した推定量として（4.12）式で定義される $\hat{\phi}$ がある（Grissom & Kim, 2012, eq. 6.7）。標本効果量 $\hat{\phi}$ は厳密には不偏推定量ではないが，サンプルサイズが大きい場合には不偏と見なせる程のバイアスの少なさを示す。

$$\hat{\phi} = \sqrt{\frac{SS_b - df_b \cdot MS_w}{SS_w + MS_w + df_b \cdot MS_w}} = \sqrt{\frac{(g-1)(F-1)}{N}} \tag{4.12}$$

R を用いると標本効果量 $\hat{\phi}$ は以下のように計算できる。

```
f.adj <- sqrt(((g - 1) * (F - 1)) / N)
f.adj
```

```
[1] 0.6942691
```

既存の関数を利用しても結果は一致する。

```
effectsize::cohens_f(res, method = "omega", alternative = "two.
sided") |> print(digits = 7)
```

```
# Effect Size for ANOVA (Type I)

Parameter | Cohen's f |        95% CI
-------------------------------------
group     | 0.6942691 |      [0.5643678, 0.8182792]

- Based on Omega squared.
```

4.1.5 決定係数の推定量

4.1.2 項では，要因による群間のばらつきが要因で説明できない群内のばらつきと比べてどれくらいの大きさかを考えて母効果量 ϕ を定義した。しかしながら，要因による群間のばらつきの比較対象を全体のばらつきとすることも考えられる。すなわち，全体のばらつきを要因によってどの程度説明できるかという説明率（決定係数）を効果と見なすことができる。そこで，分散分析における説明率（決定係数）の母効果量 ρ^2 は（4.13）式で定義される（Maxwell et al., 2017, eq. 95）[3]。ここで，σ_b^2 は母平均間の分散，σ_e^2 は群間で共通の母分散，σ_t^2 は全体の母分散を表している。

$$\rho^2 = \frac{\sigma_b^2}{\sigma_t^2} = \frac{\sigma_b^2}{\sigma_b^2 + \sigma_e^2} \tag{4.13}$$

母効果量 ρ^2 を標本から推定する場合，推定量として以下のような標本効果量 $\widehat{\eta^2}$ が提案されている[4]。ここで，SS_b は要因の平方和，SS_t は全体の平方和，F は検定統計量 F，df_b は群間の自由度，df_w は群内の自由度を表す。

$$\widehat{\eta^2} = \frac{SS_b}{SS_t} = \frac{F}{F + \frac{df_w}{df_b}} \tag{4.14}$$

3　決定係数 ρ^2 と信号比 ϕ^2 には，$\rho^2 = \frac{\phi^2}{1+\phi^2}$ という関係がある。

4　本書ではバイアスのある標本効果量にはギリシャ文字を用いないことを基本方針としているが，分散分析の文脈において広く使われていることを加味してここでは $\widehat{\eta^2}$ という表記を使用する。当該指標は一般線形モデルにおける決定係数 R^2 と同一である。

4.1.1 と同じデータを用いて標本効果量 $\widehat{\eta^2}$ を計算すると以下のようになる。要因によって全体の分散変動の約 33% が説明できると推測できる。

```
F / (F + dfw / dfb) # 標本効果量 η^2
```

```
[1] 0.3304822
```

既存の関数を利用しても結果は一致する。

```
effectsize::eta_squared(res, alternative = "two.sided") |>
print(digits = 7)
```

```
# Effect Size for ANOVA (Type I)

Parameter |      Eta2 |   95% CI
-------------------------------
group     | 0.3304822 | [0.2467913, 0.4060938]
```

4.1.6　決定係数の信頼区間

検定統計量 F が対立仮説の下で自由度 $df_b = g - 1$ と $df_w = N - g$，非心度 λ の非心 F 分布に従うことを利用すると，標本効果量 $\widehat{\eta^2}$ の信頼区間を構成できる[5]。

$$F \sim \text{Noncentral F}\,(df_b, df_w, \lambda) \tag{4.15}$$

$$df_b = g - 1 \tag{4.16}$$

$$df_w = N - g \tag{4.17}$$

$$\lambda = \frac{\rho^2}{1 - \rho^2} \cdot df_w \tag{4.18}$$

$$\rho^2 = \frac{\lambda}{\lambda + df_w} \tag{4.19}$$

5　(4.19) 式を，$\rho^2 = \lambda/(\lambda + N)$ として計算することもあるが，本書では以下の URL の議論を参考に，一貫性と精度の観点から N の代わりに df_w を採用する。https://github.com/easystats/effectsize/issues/612

今回の例の場合，自由度2と297の非心F分布を非心度λを変えながら描いていったとき，検定統計量Fの実現値$F = 73.301$が上側確率0.975に一致する非心度λ_Hを求める。それを効果量ρ^2に変換したものが効果量$\widehat{\eta^2}$の信頼区間の上限値になる。同様に，検定統計量Fの実現値が非心F分布の上側確率0.025に一致する非心度λ_Lを求めて変換すれば効果量$\widehat{\eta^2}$の信頼区間の下限値になる。Rを用いると非心F分布に基づく標本効果量$\widehat{\eta^2}$の95%信頼区間は以下のように求められる。

```
library(MBESS)
lambda.ci <-
  MBESS::conf.limits.ncf(
    F.value = F,
    df.1 = dfb,
    df.2 = dfw,
    conf.level = .95
  ) # 非心F分布の95%点
lambda.ci$Lower.Limit / (lambda.ci$Lower.Limit + dfw) #95%信頼区間の下限値
lambda.ci$Upper.Limit / (lambda.ci$Upper.Limit + dfw) #95%信頼区間の上限値
```

```
[1] 0.2467913
[1] 0.4060938
```

既存の関数を利用しても結果は一致する。

```
effectsize::eta_squared(res, alternative = "two.sided") |>
print(digits = 7)
```

```
# Effect Size for ANOVA (Type I)

Parameter |      Eta2 |  95% CI
---------------------------------
group     | 0.3304822 | [0.2467913, 0.4060938]
```

次に，ブートストラップ法を用いて95%信頼区間を求めてみよう。Rを用いるとBCa法によるブートストラップ信頼区間は以下のように求められる。ここでは，はじめに標本から復元抽出された標本iに対して標本効果量$\widehat{\eta^2}$を求める関数をget_eta2{}という名前で定義した上で，$R = 5000$回の抽出と標本効果量の計算を繰り返している。こうして得られた 5000 個の推定値に基づき信頼区間を構成する。

```
get_eta2 <- function(dat, i) {
  res <- anova(lm(outcome ~ group, data = dat[i, ]))
  eta2 <- res$`F value`[1] / (res$`F value`[1] + res$Df[2] /
res$Df[1])
  return(eta2)
}

library(boot)
set.seed(123)
boot_out <- boot::boot(dat, statistic = get_eta2, strata =
dat$group, R =5000)
boot::boot.ci(boot_out, type = "bca")
```

```
Intervals :
Level       BCa
95%   ( 0.2480,  0.4036 )
```

出力結果より，標本効果量 $\widehat{\eta^2}$ の 95% 信頼区間は [0.25, 0.40] であることが読み取れる。

4.1.7　決定係数の推定量の補正

前項で紹介した標本効果量 $\widehat{\eta^2}$ は不偏性を持たず，特に小標本においては過大推定になりがちである（Okada, 2013）。そこでこのようなバイアスを補正した推定量として以下の式で定義される $\widehat{\epsilon^2}$（Kelley, 1935）と $\widehat{\omega^2}$（Hays, 1963）がある[6]。ここで，SS_b は要因の平方和，SS_t は全体の平方和，MSw は要因の平均平方，F は検定統計量 F，df_b は群間の自由度，df_w は群内の自由度を表す。

6　一般的に前者は ε^2（epsilon square），後者は ω^2（omega square）と表記されることが多い。しかし本書では，母効果量にギリシャ文字を用いるという方針を採用していることや，これらの標本効果量が母効果量 ρ^2 の厳密な不偏推定量ではないということを勘案して，$\widehat{\epsilon^2}, \widehat{\omega^2}$ という表記を採用する。

$$\widehat{\epsilon^2} = \frac{SS_b - df_b \cdot MS_w}{SS_t} = \frac{F - 1}{F + \frac{df_w}{df_b}} \tag{4.20}$$

$$\widehat{\omega^2} = \frac{SS_b - df_b \cdot MS_w}{SS_t + MS_w} = \frac{df_b(F - 1)}{df_b \cdot F + df_w + 1} \tag{4.21}$$

これらの標本効果量は厳密には不偏推定量ではないが，サンプルサイズが大きい場合には不偏と見なせる程のバイアスの少なさを示す。定義上，3つの標本効果量の大小関係は常に$\widehat{\omega^2} \leq \widehat{\epsilon^2} \leq \widehat{\eta^2}$となる（Okada, 2013, eq. 8; 大久保・岡田，2012）。Rを用いると標本効果量$\widehat{\epsilon^2}$と$\widehat{\omega^2}$は以下のように計算できる。

```
epsilon2 <- (F - 1) / (F + dfw / dfb)
omega2 <- dfb * (F - 1) / (dfb * F + dfw + 1)
epsilon2
omega2
```

```
[1] 0.3259737
[1] 0.3252405
```

既存の関数を利用しても結果は一致する。

```
effectsize::epsilon_squared(res, alternative = "two.sided") |>
print(digits = 7)
effectsize::omega_squared(res, alternative = "two.sided") |>
print(digits = 7)
```

```
# Effect Size for ANOVA (Type I)

Parameter |  Epsilon2 |                   95% CI
------------------------------------------------
group     | 0.3259737 | [0.2422981, 0.4017539]

Parameter |    Omega2 |                   95% CI
------------------------------------------------
group     | 0.3252405 | [0.2415687, 0.4010473]
```

ところで，分散分析を一般線形モデルの一種として捉えると，標本効果量$\widehat{\eta^2}$は決定係数，標本効果量$\widehat{\epsilon^2}$は**自由度調整済み決定係数**と対応する。Rで一般線形モデルの実行結果を確認すると，それぞれの指標が同一のものであることが確認できる。よって，これらの指標は一般線形モデルにおける効果量として解釈することもできる。

```
res2 <- lm(outcome ~ group, data = dat)
summary(res2)$r.squared # 決定係数 (η^2 と対応)
summary(res2)$adj.r.squared # 自由度調整済み決定係数 (ε^2 と対応)
```

```
[1] 0.3304822
[1] 0.3259737
```

4.1.8 シミュレーションによるバイアスの検討

これまでに紹介した3つの標本効果量が母効果量の推定値としてどのような性質を持つのかをシミュレーションによって確認しよう。以下のコードでは，各効果量について結果格納用のオブジェクトを作成した上で，任意のサンプルサイズ n で効果量を算出する計算を $k = 10000$ 回繰り返している。3群の母平均が $(3, 4, 5)$ かつ群間で共通した母分散が1である場合，母効果量は $\rho^2 = 0.4$ であることから，バイアスが無ければ10000個の効果量の平均（期待値）と $\rho^2 = 0.4$ の差は0に近づくはずである。

```
eta2 <- NULL       # 標本効果量 η^2 の箱
epsilon2 <- NULL # 標本効果量 ε^2 の箱
omega2 <- NULL     # 標本効果量 ω^2 の箱
muvec <- c(3, 4, 5) # 各群の母平均
sigma <- 1   # 群間で共通の分散
g <- length(muvec) # 群の数
n <- 20      # 各群のサンプルサイズ
N <- n * g # 全体のサンプルサイズ
k <- 10000 # シミュレーション回数

set.seed(123)
for (i in 1:k) {
  A <- rnorm(n,muvec[1],sigma) # 群Aのデータ
  B <- rnorm(n,muvec[2],sigma) # 群Bのデータ
  C <- rnorm(n,muvec[3],sigma) # 群Cのデータ
  group <- rep(c("A", "B", "C"), each = n) # 群の名前のラベル
```

```
  dat <- data.frame(group = group, outcome = c(A, B, C)) # データフレームへの統合
  dfb <- g-1 # 群間の自由度
  dfw <- N-g # 群内の自由度
  MSb <- sum((tapply(dat$outcome, dat$group, mean) - mean(dat$outcome)) ^ 2) * n / dfb # 群間の平均平方
  MSw <- sum(tapply(dat$outcome, dat$group, var) * (n - 1)) / dfw # 群内の平均平方
  F <- MSb / MSw  # F値
  eta2[i] <- F / (F + dfw / dfb)                    # 標本効果量 η^2
  epsilon2[i] <- (F - 1) / (F + dfw / dfb)          # 標本効果量 ε^2
  omega2[i] <- dfb * (F - 1) / (dfb * F + dfw + 1) # 標本効果量 ω^2
}

# 真値の計算
sigma_b_square <- sum((muvec - mean(muvec)) ^ 2) / g   # 群間分散
rho2 <- sigma_b_square / (sigma_b_square + sigma) # 母効果量 ρ^2

# バイアス
mean(eta2) - rho2
mean(epsilon2) - rho2
mean(omega2) - rho2
```

```
> round((mean(eta2) - rho2), 3)
[1] 0.019
> round((mean(epsilon2) - rho2), 3)
[1] -0.001
> round((mean(omega2) - rho2), 3)
[1] -0.005
```

サンプルサイズnの値を変えながら$k = 10000$回のシミュレーションを繰り返すと，表4-1のような結果が得られる。

表4-1より，$\widehat{\eta^2}$と比べて$\widehat{\epsilon^2}$や$\widehat{\omega^2}$の方がバイアスが小さいことが読み取れる。特に，サンプルサイズが30以下の場合はその差が顕著である。

表4-1　決定係数（等分散）の標本効果量のバイアス

ES \ n	5	10	20	30	50	100	200
$\widehat{\eta^2}$	0.079	0.039	0.019	0.013	0.008	0.004	0.002
$\widehat{\epsilon^2}$	−0.008	−0.002	−0.001	−0.001	0.000	0.000	0.000
$\widehat{\omega^2}$	−0.022	−0.010	−0.005	−0.004	−0.001	−0.001	0.000

4.1.9　結果の報告

1 要因分散分析の効果量を報告する際には，以下の 3 点を報告することが推奨される。

1. 効果量の種類（f, $\widehat{\epsilon^2}$, $\widehat{\omega^2}$ など）
2. 効果量の点推定値
3. 推定の不確実性（95% 信頼区間など）

R を用いて以下のように結果報告の表や文章を出力することもできる。

```
library(report)
library(parameters)
res <- aov(lm(outcome ~ group, data = dat)) # 分散分析
parameters::model_parameters(
  res,
  es_type = c("epsilon"),
  ci = .95,
  alternative = "two.sided"
)
report::report(res,alternative = "two.sided")
```

```
Parameter | Sum_Squares |  df | Mean_Square |     F |      p | Eta2 |  Eta2 95% CI | Epsilon2 | Epsilon2 95% CI | Omega2 | Omega2 95% CI
-------------------------------------------------------------------------------------------------------------------------------------
group     |      158.58 |   2 |       79.29 | 73.30 | < .001 | 0.33 | [0.25, 0.41] |     0.33 |    [0.24, 0.40] |   0.33 |  [0.24, 0.40]
Residuals |      321.26 | 297 |        1.08 |       |        |      |              |          |                 |        |

The ANOVA (formula: outcome ~ group) suggests that:
The main effect of group is statistically significant and large
(F(2, 297) = 73.30, p < .001; Eta2 = 0.33, 95% CI [0.26, 0.41]).
```

日本語での結果報告としては以下のような例が考えられる。

> 等分散を仮定した一元配置分散分析を行った結果，要因 A の主効果は有意であり，水準間で差が見られた（$F(2,\ 297) = 73.30,\ p < .001,\ \widehat{\epsilon^2} = .33$, 95% CI [.24, .40]）。

4.2　被験者間 1 要因分散分析モデル（異分散）

前節で定義した効果量は群間で分散が等しいことを仮定していた。しかしながら，現実世界においては群間で分散が異なるという事象にもよく遭遇する。そこで，本節では等分散を仮定しない 1 要因分散分析モデルについて検討してみよう。

いま，群 j における i 番目のデータを Y_{ij} と表現し，群ごとに母平均 μ_j，母分散 σ_j^2 の正規分布にそれぞれ独立に従うとする。前節と異なり，等分散であることを仮定しない。

$$Y_{ij} \sim \mathcal{N}(\mu_j,\ \sigma_j^2) \qquad (i = 1,\ \ldots, n_i)\ (j = 1,\ \ldots,\ g) \tag{4.22}$$

このような状況において，群間の平均値差を表す効果量について検討していく。

4.2.1　群間分散

分散の異なる多群の平均値の分散（群間分散）に関する母効果量 σ_b およびその推定量 $\widehat{\sigma_b}$ については以下のように求めることができる（Kulinskaya & Staudte, 2006; Shieh, 2013）。ここで，N は全体のサンプルサイズ，n_j は各群のサンプルサイズ，μ_j は各群の母平均，$\tilde{\mu}$ は重み付き母平均を表す。

$$\sigma_b = \sqrt{\frac{1}{N}\sum_{j=1}^{g} n_j(\mu_j - \tilde{\mu})^2} \tag{4.23}$$

$$\text{ただし,}\quad \tilde{\mu} = \frac{\sum_{j=1}^{g} W_j \mu_j}{W}, \quad W_j = \frac{n_j}{\sigma_j^2}, \quad W = \sum_{j=1}^{g} W_j \tag{4.24}$$

母効果量 σ_b を標本から推定する場合，推定量として（4.25）式に示す標本効果量 $\widehat{\sigma_b}$ が提案されている。ここで，$\bar{Y_j}$ は群 j の標本平均，$\tilde{Y}$ は重み付き標本平均を表す。

$$\widehat{\sigma_b} = \sqrt{\frac{1}{N}\sum_{j=1}^{g} n_j \left(\bar{Y_j} - \tilde{Y}\right)^2} \tag{4.25}$$

$$\text{ただし,}\quad \tilde{Y} = \frac{\sum_{j=1}^{g} w_j \bar{Y_j}}{w}, \quad w_j = \frac{n_j}{\widehat{\sigma_j^2}}, \quad w = \sum_{j=1}^{g} w_j \tag{4.26}$$

いま，3つの正規母集団 $\mathcal{N}(3, 1)$, $\mathcal{N}(4, 1.5)$, $\mathcal{N}(5, 2)$ から無作為抽出によってそれぞれ大きさ $n = 100$ の独立な標本を得たとする。

```
muvec <- c(3, 4, 5)  # 母平均ベクトル
sigmavec <- c(1, 1.5, 2)  # 母標準偏差ベクトル
g <- length(muvec)   # 群の数
n <- 100    # 各群のサンプルサイズ
N <- n * g  # 全体のサンプルサイズ
set.seed(123) # 乱数の種の固定
A <- rnorm(n,muvec[1],sigmavec[1]) # 群 A
B <- rnorm(n,muvec[2],sigmavec[2]) # 群 B
C <- rnorm(n,muvec[3],sigmavec[3]) # 群 C
group <- rep(c("A", "B", "C"), each = n)  # 群の名前のラベル
dat <- data.frame(group = group, outcome = c(A, B, C)) # データフレー
ムへの統合
```

得られた標本の箱ひげ図を作成すると図 4-2 のようになる。

図 4-2 より，群間で分散が異なる様子が見て取れる。群間の平均値の標準偏差の推定量 $\widehat{\sigma_b}$ は以下の通り計算できる。

```
weight <- n/tapply(dat$outcome, dat$group, var)  # 重み
weighted_mean <- sum(weight*tapply(dat$outcome, dat$group, mean)
)/sum(weight) # 全体の平均（重み付け平均）
sqrt(sum(n*(tapply(dat$outcome, dat$group, mean) - weighted_mean)
^ 2) / N)
```

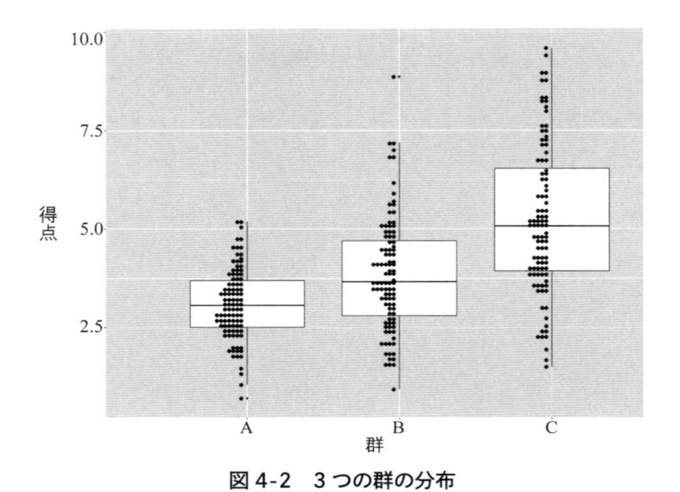

図 4-2　3 つの群の分布

```
[1] 1.011896
```

4.2.2　信号比の推定量

分散の異なる多群の信号比に関する母効果量 ϕ_w は（4.27）式で定義される（Kulinskaya & Staudte, 2006; Shieh, 2013）。ここで，$\tilde{\mu}$ は重み付き母平均，σ_j は各群の母標準偏差である。

$$\phi_w = \frac{\sigma_b^2}{\sigma_e^2} = \sqrt{\frac{1}{N} \cdot \sum_{j=1}^{g} n_j \left(\frac{\mu_j - \tilde{\mu}}{\sigma_j} \right)^2} \tag{4.27}$$

$$\text{ただし,} \quad \tilde{\mu} = \frac{\sum_{j=1}^{g} W_j \mu_j}{W}, \qquad W_j = \frac{n_j}{\sigma_j^2},\ W = \sum_{j=1}^{g} W_j \tag{4.28}$$

母効果量 ϕ_w を標本から推定する場合，推定量として（4.29）式に示す標本効果量 f_w が提案されている。ここで，F_{welch} は Welch の分散分析で用いられる検定統計量である。この式からも，効果量が検定統計量とサンプルサイズ（自由度）の関数となっていることが分かる。

$$f_w = \sqrt{F_{welch} \cdot \frac{g-1}{N-g}} \tag{4.29}$$

上記の（4.29）式に含まれる検定統計量 F_{welch} は以下の（4.30）式で定義される。

$$F_{welch} = \frac{\frac{1}{g-1}\sum_{j=1}^{g} w_j \left(\bar{Y}_j - \tilde{Y}\right)^2}{1 + \frac{2(g-2)}{g^2-1}\sum_{j=1}^{g}\left(\frac{1}{n_j-1}\right)\left(1-\frac{w_j}{w}\right)^2} \tag{4.30}$$

$$\text{ただし,}\quad \tilde{Y} = \frac{\sum_{j=1}^{g} w_j \bar{Y}_j}{w}, \qquad w_j = \frac{n_j}{\widehat{\sigma_j^2}}, \qquad w = \sum_{j=1}^{g} w_j \tag{4.31}$$

R を利用すれば，検定統計量 F_{welch} および標本効果量 f_w は以下のように計算できる。母効果量は $\phi_w = 0.5532$ であり，標本抽出に伴う誤差が存在することが分かる。

```
weight <- n / tapply(dat$outcome, dat$group, var) # 重み
weighted.mean <- sum(tapply(dat$outcome, dat$group, mean) *
weight) / sum(weight) # 全体の平均（重み付け平均）
numerator <- sum(weight * ((tapply(dat$outcome, dat$group, mean)
- weighted.mean) ^ 2)) / (g - 1) # 分子の計算
denominator <- 1 + 2 * (g - 2) / (g ^ 2 - 1) * sum((1 / (n - 1)) *
(1 - weight / sum(weight))^2) # 分母の計算
F <- numerator / denominator # 検定統計量 F_welch
F
fw <- sqrt(F * (g - 1) / (N - g)) # 標本効果量 f_w
fw
```

```
> F
[1] 53.99369
> fw
[1] 0.6029875
```

なお，統計的帰無仮説検定によって多群の平均値差（等分散）を検討する方法としては **Welch の分散分析**（Welch's ANOVA）が知られており，検定統計量 F_{welch} が帰無仮説の下で以下の自由度 df_b と df_w の F 分布に従うことを利用して，群間で平均値に差が無い（$\mu_1 = \mu_2 = \cdots = \mu_g$）という帰無仮説を棄却できるかどうかを判断する（Welch, 1951）。

$$df_b = g - 1 \tag{4.32}$$

$$df_w \approx \frac{g^2 - 1}{3 \cdot \sum_{i=1}^{g} \frac{\left(1 - \frac{w_i}{w}\right)^2}{n_i - 1}} \tag{4.33}$$

既存の関数を利用すると以下の通り Welch の分散分析を実行できる。

```
res <- oneway.test(outcome ~ group, data = dat, var.equal = FALSE)
# Welchの分散分析
res
```

```
        One-way analysis of means (not assuming equal variances)

data:  outcome and group
F = 53.994, num df = 2.00, denom df = 181.17, p-value < 2.2e-16
```

4.2.3 信号比の信頼区間

検定統計量 F_{welch} が対立仮説の下で自由度 df_b と df_w，非心度 λ の非心 F 分布に従うことを利用すると，標本効果量 f_w の信頼区間を構成できる[7]。

$$F_{welch} \sim \text{Noncentral F}\,(df_b, df_w, \lambda) \tag{4.34}$$

$$\lambda = \phi_w^2 \cdot N \tag{4.35}$$

今回の例の場合，自由度 2 と 181.17 の非心 F 分布を非心度 λ を変えながら描いていったとき，検定統計量 F の実現値 $F_{welch} = 53.994$ が上側確率 0.975 に一致する非心度 λ_H を求める。そして，それに $1/N$ をかけて平方根をとることで効果量 ϕ_w に変換したものが効果量 f_w の信頼区間の上限値になる。同様に，検定統計量 F_{welch} の実現値が非心 F 分布の上側確率 0.025 に一致する非心度 λ_L を求めて変換すれば効果量 f_w の信頼区間の下限値になる。R を用いると非心 F

7　群間で平均値に差が無い（$\mu_1 = \mu_2 = \cdots = \mu_g$）場合，非心度 λ は 0 となり，非心 F 分布は F 分布に一致する。

分布に基づく標本効果量 f_w の 95% 信頼区間は以下のように求められる。

```
dfb <- res$parameter[[1]]
dfw <- res$parameter[[2]]

library(MBESS)
lambda.ci <-
  MBESS::conf.limits.ncf(
    F.value = F,
    df.1 = dfb,
    df.2 = dfw,
    conf.level = .95
  ) # 非心 F 分布の 95% 点
sqrt(lambda.ci$Lower.Limit / N)   # 95% 信頼区間の下限値
sqrt(lambda.ci$Upper.Limit / N)   # 95% 信頼区間の上限値
```

```
[1] 0.4671824
[1] 0.725751
```

次に，ブートストラップ法を用いて 95% 信頼区間を求めてみよう。R を用いると BCa 法によるブートストラップ信頼区間は以下のように求められる。ここでは，はじめに標本から復元抽出された標本 i に対して標本効果量 f_w を求める関数を get_fw{} という名前で定義した上で，$R = 5000$ 回の抽出と標本効果量の計算を繰り返している。こうして得られた 5000 個の推定値に基づき信頼区間を構成する。

```
get_fw <- function(dat, i) {
  res <- oneway.test(outcome ~ group, data = dat[i, ], var.equal =
FALSE)
  fw <- sqrt(res$statistic * res$parameter[1] / (length(i) - g))
  return(fw)
}

library(boot)
set.seed(123)
boot_out <- boot::boot(dat, statistic = get_fw, strata =
dat$group, R = 5000)
boot::boot.ci(boot_out, type = "bca")
```

```
Intervals :
Level       BCa
95%   ( 0.4829,   0.7116 )
```

出力結果より，標本効果量の 95% 信頼区間は [0.48, 0.71] であることが読み取れる。

4.2.4 信号比の推定量の補正

前項で紹介した標本効果量 f_w は不偏性を持たず，特に小標本においては過大推定になりがちである。そこでこのようなバイアスを補正した推定量として（4.36）式で定義される $\widehat{\phi_w}$ がある。標本効果量 $\widehat{\phi_w}$ は厳密には不偏推定量ではないが，サンプルサイズが大きい場合には不偏と見なせる程のバイアスの少なさを示す。

$$\widehat{\phi_w} = \sqrt{\frac{(g-1)(F_{welch}-1)}{N}} \tag{4.36}$$

R を用いると標本効果量 $\widehat{\phi_w}$ は以下のように計算できる。

```
fw.adj <- sqrt((g - 1) * (F - 1) / N)
fw.adj
```

```
[1] 0.5943831
```

4.2.5 決定係数の推定量

等分散を仮定しない 1 要因分散分析における説明率（決定係数）の母効果量 ρ_w^2 は（4.37）式で定義される（Shieh, 2013）[8]。ここで，σ_b^2 は母平均間の分散，σ_t^2 は全体の母分散，$\tilde{\mu}$ は重み付き母平均を表している。

8　決定係数 ρ_w^2 と信号比 ϕ_w^2 には，$\rho_w^2 = \frac{\phi_w^2}{1+\phi_w^2}$ という関係がある。

$$\rho_w^2 = \frac{\sigma_b^2}{\sigma_t^2} = \frac{\sigma_b^2}{\sigma_e^2 + \sigma_b^2} = \frac{\sum_{j=1}^{g} n_j \left(\frac{\mu_j - \tilde{\mu}}{\sigma_j}\right)^2}{N + \sum_{j=1}^{g} n_j \left(\frac{\mu_j - \tilde{\mu}}{\sigma_j}\right)^2} \tag{4.37}$$

母効果量 ρ_w^2 を標本から推定する場合，推定量として（4.38）式に示す標本効果量 $\widehat{\eta_w^2}$ が提案されている。ここで，SS_b は要因の平方和，SS_t は全体の平方和，F_{welch} は Welch の検定統計量，df_b は群間の自由度，df_w は群内の自由度を表す。

$$\widehat{\eta_w^2} = \frac{SS_b}{SS_t} = \frac{F_{welch}}{F_{welch} + \frac{N - g}{g - 1}} \tag{4.38}$$

4.2.1 項と同じデータを用いて標本効果量 $\widehat{\eta_w^2}$ を計算すると以下のようになる。要因によって全体の分散変動の約 26.7% が説明できると推測できる。

```
F / (F + (N - g) / (g - 1)) # 標本効果量 η̂²w
```

```
[1] 0.2666438
```

4.2.6　決定係数の信頼区間

検定統計量 F_{welch} が対立仮説の下で自由度 df_b と df_w，非心度 λ の非心 F 分布に従うことを利用すると，標本効果量 $\widehat{\eta_w^2}$ の信頼区間を構成できる。

$$F_{welch} \sim \text{Noncentral F}\,(df_b, df_w, \lambda) \tag{4.39}$$

$$\lambda = \frac{\rho_w^2}{1 - \rho_w^2} \cdot N \tag{4.40}$$

$$\rho_w^2 = \frac{\lambda}{\lambda + N} \tag{4.41}$$

今回の例の場合，自由度 2 と 181.17 の非心 F 分布を非心度 λ を変えながら描いていったとき，検定統計量 F の実現値 $F = 53.994$ が上側確率 0.975 に一致す

る非心度 λ_H を求める。それを効果量 ρ_w^2 に変換したものが効果量 $\widehat{\eta_w^2}$ の信頼区間の上限値になる。同様に，検定統計量 F の実現値が非心 F 分布の上側確率 0.025 に一致する非心度 λ_L を求めて変換すれば効果量 $\widehat{\eta_w^2}$ の信頼区間の下限値になる。R を用いると非心 F 分布に基づく標本効果量 $\widehat{\eta_w^2}$ の 95% 信頼区間は以下のように求められる。

```
library(MBESS)
lambda.ci <-
  MBESS::conf.limits.ncf(
    F.value = F,
    df.1 = dfb,
    df.2 = dfw,
    conf.level = .95
  ) # 非心 F 分布の 95% 点
lambda.ci$Lower.Limit / (lambda.ci$Lower.Limit + N) #95% 信頼区間の下限値
lambda.ci$Upper.Limit / (lambda.ci$Upper.Limit + N) #95% 信頼区間の上限値
```

```
[1] 0.1791567
[1] 0.3449987
```

次に，ブートストラップ法を用いて 95% 信頼区間を求めてみよう。R を用いると BCa 法によるブートストラップ信頼区間は以下のように求められる。ここでは，はじめに標本から復元抽出された標本 i に対して標本効果量 $\widehat{\eta_w^2}$ を求める関数を get_eta2w{} という名前で定義した上で，$R = 5000$ 回の抽出と標本効果量の計算を繰り返している。こうして得られた 5000 個の推定値に基づき信頼区間を構成する。

```
get_eta2w <- function(dat, i) {
  res <- oneway.test(outcome ~ group, data = dat[i, ], var.equal =
FALSE)
  F <- res$statistic[[1]]
  dfb <- res$parameter[[1]]
  dfw <- res$parameter[[2]]
  eta2w <- F / (F + (N - g) / (g - 1))  # 標本効果量 η̂²w
  return(eta2w)
}

library(boot)
```

```
set.seed(123)
boot_out <- boot::boot(dat, statistic = get_eta2w, strata =
dat$group, R = 5000)
boot::boot.ci(boot_out, type = "bca")
```

```
Intervals :
Level      BCa
95%   ( 0.1891,  0.3362 )
```

出力結果より，標本効果量の 95% 信頼区間は [0.19, 0.34] であることが読み取れる。

4.2.7　決定係数の推定量の補正

前項で紹介した標本効果量 $\widehat{\eta_w^2}$ は不偏性を持たず，特に小標本においては過大推定になりがちである。そこでこのようなバイアスを補正した推定量として以下の式で定義される $\widehat{\epsilon_w^2}$ と $\widehat{\omega_w^2}$ がある。ここで，SS_b は要因の平方和，SS_t は全体の平方和，MS_w は要因の平均平方，F_{welch} は Welch の検定統計量，df_b は群間の自由度，df_w は群内の自由度を表す。

$$\widehat{\epsilon_w^2} = \frac{SS_b - df_b \cdot MS_w}{SS_t} = \frac{F_{welch} - 1}{F_{welch} + \dfrac{N-g}{g-1}} \tag{4.42}$$

$$\widehat{\omega_w^2} = \frac{SS_b - df_b \cdot MS_w}{SS_t + MS_w} = \frac{(g-1)(F_{welch} - 1)}{(g-1) \cdot F_{welch} + (N-g) + 1} \tag{4.43}$$

これらの標本効果量は厳密には不偏推定量ではないが，サンプルサイズが大きい場合には不偏と見なせる程のバイアスの少なさを示す。R を用いると標本効果量 $\widehat{\epsilon_w^2}$ と $\widehat{\omega_w^2}$ は以下のように計算できる。

```
epsilon2 <- (F - 1) / (F + (N - g) / (g - 1))
omega2 <- (g - 1) * (F - 1) / ((g - 1) * F + (N - g) + 1)
epsilon2
omega2
```

```
> epsilon2
[1] 0.2617054
> omega2
[1] 0.2610608
```

4.2.8 シミュレーションによるバイアスの検討

これまでに紹介した3つの標本効果量が母効果量の推定値としてどのような性質を持つのかをシミュレーションによって確認しよう。以下のコードでは，各効果量について結果格納用のオブジェクトを作成した上で，任意のサンプルサイズ n で効果量を算出する計算を $k = 10000$ 回繰り返している。3群の母平均が (3, 4, 5) かつ母標準偏差が (1, 1.5, 2) である場合，母効果量は $\rho_w^2 = 0.234$ であることから，バイアスが無ければ10000個の効果量の平均（期待値）と $\rho_w^2 = 0.234$ の差は0に近づくはずである。

```
eta2w <- NULL      # 標本効果量η^2_wの箱
epsilon2w <- NULL # 標本効果量ε^2_wの箱
omega2w <- NULL    # 標本効果量ω^2_wの箱
muvec <- c(3, 4, 5)        # 母平均ベクトル
sigmavec <- c(1, 1.5, 2)  # 母標準偏差ベクトル
g <- length(muvec)    # 群の数
n <- 10      # 各群のサンプルサイズ
N <- n * g  # 全体のサンプルサイズ
k <- 10000  # シミュレーション回数

set.seed(123)
for (i in 1:k) {
  A <- rnorm(n,muvec[1],sigmavec[1]) # 群A
  B <- rnorm(n,muvec[2],sigmavec[2]) # 群B
  C <- rnorm(n,muvec[3],sigmavec[3]) # 群C
  group <- rep(c("A", "B", "C"), each = n) # 群の名前のラベル
  dat <- data.frame(group = group, outcome = c(A, B, C)) # データフ
レームへの統合
  res <- oneway.test(outcome ~ group, data = dat, var.equal =
FALSE)
  F <- res$statistic[[1]]
  dfb <- res$parameter[[1]]
  dfw <- res$parameter[[2]]
  eta2w[i] <- F / (F + (N - g) / (g - 1))
```

```
  epsilon2w[i] <-  (F - 1) / (F + (N - g) / (g - 1))
  omega2w[i] <- (g - 1) * (F - 1) / ((g - 1) * F + (N - g) + 1)
}

# 真値の計算
weight.true <- n / sigmavec ^ 2 # 重み
weighted.mu <- sum(weight.true * muvec) / sum(weight.true) # 全体の
平均（重み付け平均）
sigma_b_square <- sum(n * (((muvec - weighted.mu) / sigmavec) ^
2))
rho2w <- sigma_b_square / (N + sigma_b_square)  # ρ ^2_w の真値

# バイアス
mean(eta2w) - rho2w
mean(epsilon2w) - rho2w
mean(omega2w) - rho2w
```

```
> mean(eta2w) - rho2w
[1] 0.05541043
> mean(epsilon2w) - rho2w
[1] 0.0027971
> mean(omega2w) - rho2w
[1] -0.002595925
```

サンプルサイズ n の値を変えながら $k = 10000$ 回のシミュレーションを繰り返すと，表 4-2 のような結果が得られる。

表 4-2　決定係数（異分散）の標本効果量のバイアス

ES ＼ n	5	10	20	30	50	100	200
$\widehat{\eta_w^2}$	0.112	0.055	0.027	0.018	0.011	0.005	0.003
$\widehat{\epsilon_w^2}$	0.003	0.003	0.001	0.001	0.001	0.000	0.000
$\widehat{\omega_w^2}$	−0.006	−0.003	−0.001	−0.001	0.000	0.000	0.000

表 4-2 より，$\widehat{\eta_w^2}$ と比べて $\widehat{\epsilon_w^2}$ や $\widehat{\omega_w^2}$ の方がバイアスが小さいことが読み取れる。特に，サンプルサイズが 50 以下の場合はその差が顕著である。

4.3　被験者間 2 要因分散分析モデル

前節までは要因が 1 つの場合を扱ったが，本節では要因が 2 つ以上の場合に議論を拡張する。4.1.7 では分散分析を一般線形モデルの一種として捉えることが可能であることを紹介した。そこで一般線形モデルとして 2 要因の分散分析モデルの構造を表現すると以下のようになる。

$$Y_{ijk} = \mu + A_j + B_k + (AB)_{jk} + \epsilon_{ijk} \tag{4.44}$$

$$\epsilon_{ijk} \sim \mathcal{N}(0, \sigma_e^2) \tag{4.45}$$

ここで μ は全体の母平均，A_j は要因 A における j 番目の水準の効果，B_k は要因 B における k 番目の水準の効果，$(AB)_{jk}$ は要因 A における j 番目の水準と要因 B における k 番目の水準の組み合わせの交互作用効果，ϵ_{ijk} は残差（誤差項）を表す。残差 ϵ_{ijk} は平均 0，分散 σ^2 の正規分布に独立に従うと仮定する。また，各要因は操作要因であり各水準への割り付けは無作為に行われ，要因計画の各セル内のサンプルサイズは等しい状況（釣り合い型計画）を想定する。

上記のモデルにおいて，全体の分散 σ_t^2 は以下の通り分解することができる。ここで，σ_A^2 は要因 A の分散，σ_B^2 は要因 B の分散，σ_{AB}^2 は要因 A と要因 B の交互作用の分散，σ_e^2 は誤差の分散を表す。

$$\sigma_t^2 = \sigma_A^2 + \sigma_B^2 + \sigma_{AB}^2 + \sigma_e^2 \tag{4.46}$$

各要因の主効果および交互作用効果を表す効果量には，4.1 節で紹介した信号比と決定係数を同様に計算することができる。加えて，注目する要因以外の影響を統制した偏信号比と偏決定係数を用いることもできる。

4.3.1　信号比の効果量

信号比については，4.1 節で定義した効果量をそのまま使用することができる。母効果量 ϕ は，ある要因の群間分散を標準化したものであった。各効果に関する母効果量および標本効果量は表 4-3 のように定義することができる。こ

表 4-3　信号比の効果量

効果	母効果量	標本効果量
要因 A の主効果	$\phi = \sqrt{\frac{\sigma_A^2}{\sigma_t^2 - \sigma_A^2}}$ (4.47)	$f = \sqrt{\frac{SS_A}{SS_t - SS_A}}$ (4.48) $\hat{\phi} = \sqrt{\frac{SS_A - df_A \cdot MS_e}{SS_t - SS_A + MS_e(1 + df_A)}}$ (4.49)
要因 B の主効果	$\phi = \sqrt{\frac{\sigma_B^2}{\sigma_t^2 - \sigma_B^2}}$ (4.50)	$f = \sqrt{\frac{SS_B}{SS_t - SS_B}}$ (4.51) $\hat{\phi} = \sqrt{\frac{SS_B - df_B \cdot MS_e}{SS_t - SS_B + MS_e(1 + df_B)}}$ (4.52)
交互作用効果	$\phi = \sqrt{\frac{\sigma_{AB}^2}{\sigma_t^2 - \sigma_{AB}^2}}$ (4.53)	$f = \sqrt{\frac{SS_{AB}}{SS_t - SS_{AB}}}$ (4.54) $\hat{\phi} = \sqrt{\frac{SS_{AB} - df_{AB} \cdot MS_e}{SS_t - SS_{AB} + MS_e(1 + df_{AB})}}$ (4.55)

こで，SS_A は要因 A の平方和，SS_B は要因 B の平方和，SS_{AB} は要因 AB の交互作用の平方和，SS_t は全体の平方和，MS_e は誤差の平均平方を表す。

例として，要因 A（2 水準）と要因 B（2 水準）の計画において，以下のようなモデルからデータが生成されたとする。ここで，X_A および X_B は要因 A と要因 B の水準を表すダミー変数（0 or 1）である。

$$Y_{ijk} = 10 + 0.3 \cdot X_A + 0.5 \cdot X_B + 1.1 \cdot X_A \cdot X_B + \epsilon_{ijk} \tag{4.56}$$

$$\epsilon_{ijk} \sim \mathcal{N}(0, \sigma_e^2) \tag{4.57}$$

いま，釣り合い型の要因計画によってそれぞれのセルの大きさが $n = 50$ の独立な標本を得たとする。2 水準× 2 水準の 4 つの組み合わせがあることから，全体のサンプルサイズ，は $N = 200$ となる。R を用いてデータを生成し，分散分析を実行すると以下のようになる。

```
# 係数の設定
mu <-  10
```

```
beta1 <-  0.3
beta2 <-  0.5
beta3 <-  1.1
# 要因計画
set.seed(123)
A <-  c(rep(c(0), 100), rep(c(1), 100)) # '0'x100, '1'x100
B <-  rep(c(rep(c(0), 50), rep(c(1), 50)), 2) # '0'x50, '1'x50, '0'x50,
'1'x50
e <-  rnorm(200,0,sd = 1) # 標準正規分布に従うランダムノイズ

# 回帰式に基づくデータ生成
Y <-  mu + beta1 * A + beta2 * B + beta3 * A * B + e
dat <-  data.frame(cbind(A, B, Y)) # データフレーム化

# 分散分析
res <-  aov(Y ~ A * B, data = dat)
summary(res)
```

```
             Df Sum Sq Mean Sq F value   Pr(>F)
A             1  21.26   21.26   24.14 1.89e-06 ***
B             1  78.42   78.42   89.05  < 2e-16 ***
A:B           1  20.50   20.50   23.28 2.81e-06 ***
Residuals   196 172.61    0.88
```

出力結果の分散分析表より，要因 A の主効果，要因 B の主効果，要因 AB の交互作用効果が 5％水準で有意であったことが読み取れる。交互作用の様子をプロットすると図 4-3 のようになる。

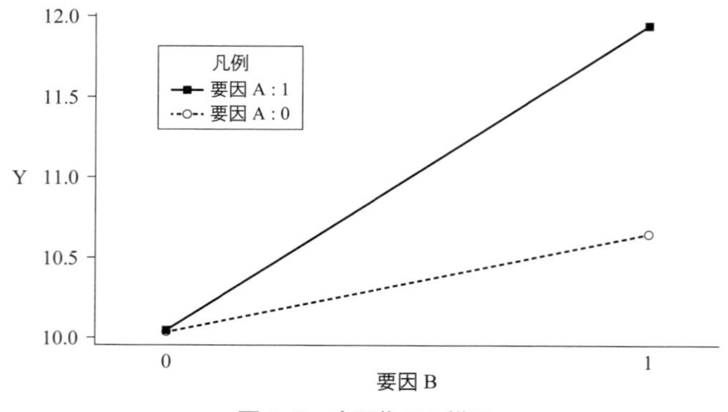

図 4-3　交互作用の様子

Rの既存の関数を利用して信号比の効果量を計算すると以下のようになる。

```
# 信号比の推定量
library(effectsize)
effectsize::cohens_f(res, method = "eta", alternative = "two.
sided", partial = F)
# 信号比の推定量の補正
effectsize::cohens_f(res, method = "omega", alternative = "two.
sided", partial = F)
```

```
# Effect Size for ANOVA (Type I)

Parameter | Cohen's f |       95% CI
-------------------------------------
A         |      0.28 | [0.14, 0.42]   ← (4.48) 式に対応
B         |      0.60 | [0.45, 0.76]   ← (4.51) 式に対応
A:B       |      0.27 | [0.13, 0.42]   ← (4.54) 式に対応

Parameter | Cohen's f |       95% CI
-------------------------------------
A         |      0.27 | [0.13, 0.42]   ← (4.49) 式に対応
B         |      0.60 | [0.45, 0.75]   ← (4.52) 式に対応
A:B       |      0.27 | [0.12, 0.41]   ← (4.55) 式に対応
- Based on Omega squared.
```

4.3.2　決定係数の効果量

決定係数の効果量については，4.1.5 項で定義した効果量をそのまま使用することができる。母効果量 ρ^2 は，全体の分散に占める各要因の分散の割合であった。各効果に関する母効果量および標本効果量は表 4-4 のように求めることができる。ここで，SS_A は要因 A の平方和，SS_B は要因 B の平方和，SS_{AB} は要因 AB の交互作用の平方和，SS_t は全体の平方和，MS_e は誤差の平均平方を表す。

4.3.1 項と同じデータにおいて，決定係数の標本効果量を計算すると以下のようになる。

```
library(parameters)
parameters::model_parameters(
  res,
```

```
  es_type = c("eta", "epsilon", "omega"),
  partial = F,
  ci = .95,
  alternative = "two.sided"
)
```

```
Parameter | Sum_Squares |  df | Mean_Square |     F |      p | Eta2 |  Eta2 95% CI | Epsilon2 | Epsilon2 95% CI
-----------------------------------------------------------------------------------------------------------------
A         |       21.26 |   1 |       21.26 | 24.14 | < .001 | 0.07 | [0.02, 0.15] |     0.07 |    [0.02, 0.15]
B         |       78.42 |   1 |       78.42 | 89.05 | < .001 | 0.27 | [0.17, 0.36] |     0.26 |    [0.17, 0.36]
A:B       |       20.50 |   1 |       20.50 | 23.28 | < .001 | 0.07 | [0.02, 0.15] |     0.07 |    [0.02, 0.14]
Residuals |      172.61 | 196 |        0.88 |       |        |      |              |          |

Anova Table (Type 1 tests)
```

表 4-4　決定係数の効果量

効果	母効果量	標本効果量
要因 A の主効果	$\rho^2 = \frac{\sigma_A^2}{\sigma_t^2}$ (4.58)	$\widehat{\eta^2} = \frac{SS_A}{SS_t}$ (4.59) $\widehat{\epsilon^2} = \frac{SS_A - df_A \cdot MS_e}{SS_t}$ (4.60) $\widehat{\omega^2} = \frac{SS_A - df_A \cdot MS_e}{SS_t + MS_e}$ (4.61)
要因 B の主効果	$\rho^2 = \frac{\sigma_B^2}{\sigma_t^2}$ (4.62)	$\widehat{\eta^2} = \frac{SS_B}{SS_t}$ (4.63) $\widehat{\epsilon^2} = \frac{SS_A - df_A \cdot MS_e}{SS_t}$ (4.64) $\widehat{\omega^2} = \frac{SS_A - df_A \cdot MS_e}{SS_t + MS_e}$ (4.65)
交互作用効果	$\rho^2 = \frac{\sigma_{AB}^2}{\sigma_t^2}$ (4.66)	$\widehat{\eta^2} = \frac{SS_{AB}}{SS_t}$ (4.67) $\widehat{\epsilon^2} = \frac{SS_{AB} - df_{AB} \cdot MS_e}{SS_t}$ (4.68) $\widehat{\omega^2} = \frac{SS_{AB} - df_{AB} \cdot MS_e}{SS_t + MS_e}$ (4.69)

4.3.3　偏信号比の効果量

4.3.1 項では，分散の分解式に基づき，要因 A の主効果に関する母効果量 ϕ を

(4.71) 式のように定義した。これは，着目する要因の分散が着目する要因以外の分散に対してどれくらいの割合であるかを示している。

$$\sigma_t^2 = \sigma_A^2 + \sigma_B^2 + \sigma_{AB}^2 + \sigma_e^2 \tag{4.70}$$

$$\phi = \sqrt{\frac{\sigma_A^2}{\sigma_t^2 - \sigma_A^2}} \tag{4.71}$$

しかし，要因が増えていくにつれて，全体の分散に占める σ_A^2 の割合は小さくなっていくため，母効果量 ϕ も小さくなってしまう。着目する要因の効果の大きさが変わらないにもかかわらず，他の要因によって効果の大きさが変動すると，異なる研究間で効果量を比較できなくなる。

そこで，母効果量の定義を (4.72) 式のように修正することで，他の要因に左右されない効果量を構成することができる[9]。これは偏信号比と呼ばれ，着目する要因の分散が誤差の分散に対してどれくらいの割合であるかを示している。

$$\phi_p = \sqrt{\frac{\sigma_A^2}{\sigma_e^2}} \tag{4.72}$$

母効果量 ϕ_p の偏りのある推定量および偏りの少ない推定量は表 4-5 のように求めることができる。ここで，SS_A は要因 A の平方和，SS_B は要因 B の平方和，SS_{AB} は要因 AB の交互作用の平方和，SS_t は全体の平方和，MS_e は誤差の平均平方，N は全体のサンプルサイズを表す。

4.3.1 項と同じデータにおいて，偏信号比の標本効果量を計算すると以下のようになる。

```
# 偏信号比の推定量
library(effectsize)
effectsize::cohens_f(res, method = "eta", alternative = "two.
sided", partial = T)
# 偏信号比の補正
effectsize::cohens_f(res, method = "omega", alternative = "two.
sided", partial = T)
```

9　この効果量は一般的に Partial Cohen's f と呼ばれるが，本書では偏信号比と表記する。

表 4-5　偏信号比の効果量

効果	母効果量	標本効果量
要因 A の主効果	$\phi_p = \sqrt{\frac{\sigma_A^2}{\sigma_e^2}}$ (4.73)	$f_p = \sqrt{\frac{SS_A}{SS_e}}$ (4.74) $\widehat{\phi_p} = \sqrt{\frac{SS_A - df_A \cdot MS_e}{N \cdot MS_e}}$ (4.75)
要因 B の主効果	$\phi_p = \sqrt{\frac{\sigma_B^2}{\sigma_e^2}}$ (4.76)	$f_p = \sqrt{\frac{SS_B}{SS_e}}$ (4.77) $\widehat{\phi_p} = \sqrt{\frac{SS_B - df_B \cdot MS_e}{N \cdot MS_e}}$ (4.78)
交互作用効果	$\phi_p = \sqrt{\frac{\sigma_{AB}^2}{\sigma_e^2}}$ (4.79)	$f_p = \sqrt{\frac{SS_{AB}}{SS_e}}$ (4.80) $\widehat{\phi_p} = \sqrt{\frac{SS_{AB} - df_{AB} \cdot MS_e}{N \cdot MS_e}}$ (4.81)

```
# Effect Size for ANOVA (Type I)

Parameter | Cohen's f (partial) |       95% CI
----------------------------------------------
A         |                0.35 | [0.21, 0.49]
B         |                0.67 | [0.52, 0.83]
A:B       |                0.34 | [0.20, 0.49]

Parameter | Cohen's f (partial) |       95% CI
----------------------------------------------
A         |                0.34 | [0.20, 0.48]
B         |                0.66 | [0.51, 0.82]
A:B       |                0.33 | [0.19, 0.48]
- Based on Omega squared.
```

4.3.4　偏決定係数の効果量

決定係数についても着目する要因以外に左右されない効果量を以下の通り構成することができる。これは偏決定係数と呼ばれ，着目する要因の分散が着目しない要因を除く全体の分散に対してどれくらいの割合であるかを示している。

$$\sigma_t^2 = \sigma_A^2 + \sigma_B^2 + \sigma_{AB}^2 + \sigma_e^2 \tag{4.82}$$

$$\rho_p^2 = \frac{\sigma_A^2}{\sigma_A^2 + \sigma_e^2} \tag{4.83}$$

母効果量 ρ_p^2 の推定量は表 4-6 のように求めることができる（Albers & Lakens, 2018; Mordkoff, 2019）。ここで，SS_A は要因 A の平方和，SS_B は要因 B の平方和，SS_{AB} は要因 AB の交互作用の平方和，SS_t は全体の平方和，MS_e は誤差の平均平方，N は全体のサンプルサイズ，F は各効果における検定統計量 F を表す。

4.3.1 項と同じデータにおいて，偏決定係数の標本効果量を計算すると以下のようになる。ここでは，partial=T とすることで，偏決定係数を求めることを指定している。

表 4-6　偏決定係数の効果量

効果	母効果量	標本効果量
要因 A の主効果	$\rho_p^2 = \frac{\sigma_A^2}{\sigma_A^2 + \sigma_e^2}$ (4.84)	$\widehat{\eta_p^2} = \frac{SS_A}{SS_A + SS_e} = \frac{F \cdot df_A}{F \cdot df_A + df_e}$ (4.85) $\widehat{\epsilon_p^2} = \frac{SS_A - df_A \cdot MS_e}{SS_A + SS_e} = \frac{F - 1}{F + \frac{df_e}{df_A}}$ (4.86) $\widehat{\omega_p^2} = \frac{SS_A - df_A \cdot MS_e}{SS_A + (N - df_A)MS_e} = \frac{F - 1}{F + \frac{df_e + 1}{df_A}}$ (4.87)
要因 B の主効果	$\rho_p^2 = \frac{\sigma_B^2}{\sigma_B^2 + \sigma_e^2}$ (4.88)	$\widehat{\eta_p^2} = \frac{SS_B}{SS_B + SS_e} = \frac{F \cdot df_B}{F \cdot df_B + df_e}$ (4.89) $\widehat{\epsilon_p^2} = \frac{SS_B - df_B \cdot MS_e}{SS_B + SS_e} = \frac{F - 1}{F + \frac{df_e}{df_B}}$ (4.90) $\widehat{\omega_p^2} = \frac{SS_B - df_B \cdot MS_e}{SS_B + (N - df_B)MS_e} = \frac{F - 1}{F + \frac{df_e + 1}{df_B}}$ (4.91)
交互作用効果	$\rho_p^2 = \frac{\sigma_{AB}^2}{\sigma_{AB}^2 + \sigma_e^2}$ (4.92)	$\widehat{\eta_p^2} = \frac{SS_{AB}}{SS_{AB} + SS_e} = \frac{F \cdot df_{AB}}{F \cdot df_{AB} + df_e}$ (4.93) $\widehat{\epsilon_p^2} = \frac{SS_{AB} - df_{AB} \cdot MS_e}{SS_{AB} + SS_e} = \frac{F - 1}{F + \frac{df_e}{df_{AB}}}$ (4.94) $\widehat{\omega_p^2} = \frac{SS_{AB} - df_{AB} \cdot MS_e}{SS_{AB} + (N - df_{AB})MS_e} = \frac{F - 1}{F + \frac{df_e + 1}{df_{AB}}}$ (4.95)

```
parameters::model_parameters(
  res,
  es_type = c("eta", "epsilon", "omega"),
  partial = T,
  ci = .95,
  alternative = "two.sided"
)
```

```
Parameter | Sum_Squares |  df | Mean_Square |     F |      p | Eta2 (partial) |  Eta2 95% CI | Epsilon2 (partial) | Epsilon2 95% CI
-------------------------------------------------------------------------------------------------------------------------------
A         |       21.26 |   1 |       21.26 | 24.14 | < .001 |           0.11 | [0.04, 0.20] |               0.11 |    [0.04, 0.19]
B         |       78.42 |   1 |       78.42 | 89.05 | < .001 |           0.31 | [0.21, 0.41] |               0.31 |    [0.21, 0.40]
A:B       |       20.50 |   1 |       20.50 | 23.28 | < .001 |           0.11 | [0.04, 0.19] |               0.10 |    [0.04, 0.19]
Residuals |      172.61 | 196 |        0.88 |       |        |                |              |                    |

Anova Table (Type 1 tests)
```

4.3.5 一般化決定係数の効果量

偏決定係数は同一デザインの異なる研究間で効果量を比較するのに適している。しかし，研究デザインが異なる研究間では比較できない。例えば，本節で使用しているデータについて，要因 A が介入の有無，要因 B が性別であったとしよう。この場合，要因 A のみに着目した被験者間 1 要因分散分析モデルと，要因 A, B に着目した被験者間 2 要因分散分析モデルでは，要因 A の主効果の効果量が一致することが望ましい。しかしながら，偏相関比を計算すると，前者のモデルでは $\widehat{\eta_p^2} = 0.07$ [0.02, 0.15]，後者のモデルでは $\widehat{\eta_p^2} = 0.11$ [0.04, 0.20] となり，結果が一致しない。これは，要因 B がモデルによって説明できない誤差を低減させるため，被験者間 2 要因分散分析モデルでは SS_e が相対的に小さくなっているためである。

```
res1 <- aov(Y ~ A, data = dat)       # 被験者間 1 要因分散分析モデル
res2 <- aov(Y ~ A * B, data = dat) # 被験者間 2 要因分散分析モデル
effectsize::eta_squared(res1,  alternative = "two.sided", partial
= T )
effectsize::eta_squared(res2,  alternative = "two.sided", partial
= T )
```

```
# Effect Size for ANOVA

Parameter | Eta2 |       95% CI
-------------------------------
A         | 0.07 | [0.02, 0.15]

Parameter | Eta2 (partial) |       95% CI
-----------------------------------------
A         |           0.11 | [0.04, 0.20]  ←一致していない。
B         |           0.31 | [0.21, 0.41]
A:B       |           0.11 | [0.04, 0.19]
```

そこで，研究デザインを越えて比較可能な指標として，**一般化決定係数**が提案されている（Olejnik & Algina, 2003）。一般化決定係数では，研究デザインの中で研究者が操作した**操作要因**（manipulated factor）と操作できない**測定要因**（measured factor）を明示的に区別する。これらの区別によって，研究デザインを越えた比較が可能な効果量を定義できる。

一般化決定係数の母効果量 ρ_G^2 は（4.96）式で定義される（Olejnik & Algina, 2003, eq. 2）。ここで，σ_{Effect}^2 は着目する要因の分散，$\sigma_{Individual\ Differences}^2$ は個人差による分散である。また，δ は着目する要因が操作要因である場合は 1，測定要因である場合は 0 をとる 2 値変数である。

$$\rho_G^2 = \frac{\sigma_{Effect}^2}{\delta \cdot \sigma_{Effect}^2 + \sigma_{Individual\ Differences}^2} \tag{4.96}$$

母効果量 ρ_G^2 を標本から推定する場合，推定量として表 4-7 のような標本効果量が提案されている。なお，ここでは 2 つの要因のうち，要因 A を操作要因，要因 B を測定要因とする。

要因 A のみに着目した被験者間 1 要因分散分析モデルと要因 A, B に着目した被験者間 2 要因分散分析モデルで，一般化決定係数の標本効果量 $\widehat{\eta_G^2}$ を計算すると以下のようになる。generalized という引数で測定要因を指定している。

```
effectsize::eta_squared(res1,  alternative = "two.sided",
generalized = T)
effectsize::eta_squared(res2,  alternative = "two.sided",
generalized = "B")
```

表 4-7　一般化決定係数の標本効果量

モデル	効果	標本効果量
被験者間 1 要因分散分析モデル	要因 A（操作要因）の主効果	$\widehat{\eta_G^2} = \frac{SS_A}{SS_A + SS_e}$ (4.97) $\widehat{\omega_G^2} = \frac{SS_A - df_A \cdot MS_e}{SS_t + MS_e}$ (4.98)
被験者間 2 要因分散分析モデル	要因 A（操作要因）の主効果	$\widehat{\eta_G^2} = \frac{SS_A}{SS_A + SS_B + SS_{AB} + SS_e}$ (4.99) $\widehat{\omega_G^2} = \frac{SS_A - df_A \cdot MS_e}{SS_t + MS_e}$ (4.100)
	要因 B（測定要因）の主効果	$\widehat{\eta_G^2} = \frac{SS_B}{SS_B + SS_{AB} + SS_e}$ (4.101) $\widehat{\omega_G^2} = \frac{SS_B - df_B \cdot MS_e}{SS_t + SS_A + J \cdot MS_e}$ (4.102) ただし，J は要因 A の水準数
	交互作用効果	$\widehat{\eta_G^2} = \frac{SS_{AB}}{SS_B + SS_{AB} + SS_e}$ (4.103) $\widehat{\omega_G^2} = \frac{SS_{AB} - df_{AB} \cdot MS_e}{SS_t + SS_A + J \cdot MS_e}$ (4.104) ただし，J は要因 A の水準数

```
# Effect Size for ANOVA

Parameter | Eta2 (generalized) |       95% CI
---------------------------------------------
A         |               0.07 | [0.02, 0.15]

Parameter | Eta2 (generalized) |       95% CI
---------------------------------------------
A         |               0.07 | [0.02, 0.15]
B         |               0.29 | [0.19, 0.38]
A:B       |               0.08 | [0.02, 0.15]
```

出力結果より，モデル間で要因 A の主効果の効果量が一致していることが分かる。このように，一般化決定係数は研究デザインを越えて比較を行うことができる。このような比較は，ある要因の効果を被験者内と被験者間の計画で調べた場合でも有効である。

ここまで，決定係数の効果量として 3 種類の効果量（$\rho^2, \rho_p^2, \rho_G^2$）を紹介した。これらの効果量の使い分けとして，Lakens（2013）は表 4-8 のような提案を示

表 4-8　決定係数の効果量の種類と用途（Lakens, 2013 をもとに作成）

種類	用途
決定係数（ρ^2）	単一研究内の効果の比較に使用
偏決定係数（ρ_P^2）	同じ研究デザインを持つ研究間の効果量の比較および検定力分析（第 10 章を参照）に使用
一般化決定係数（ρ_G^2）	メタ分析（第 9 章を参照）で研究デザイン間の比較に使用

している。

このように，各効果量の性質を考慮しながら研究目的に応じて適切な効果量を用いることが推奨される。論文中に示す効果量は 1 つに制限されるものではなく，複数種類の効果量を示すことも推奨される。

4.3.6　平方和の種類

本節ではここまで，要因計画の各セル内のサンプルサイズが等しい釣り合い型計画を想定してきた。釣り合い型計画においては各要因を上から順番に投入する**タイプⅠの平方和**を計算に使用している。例えば，要因 B の平方和（SS_B）は要因 A を統制した後に計算される。しかしながら，セルによってサンプルサイズが異なる非釣り合い型計画のデザインにおいては，データの投入順によって結果が異なるという問題が生じる。例えば，表 4-9 のような非釣り合い型計画のデザインにおいて，被験者間 2 要因分散分析を実行する状況を考える。

表 4-9　非釣り合い型計画の例

人数 ($N = 200$)		要因 B	
		水準 0	水準 1
要因 A	水準 0	45	45
	水準 1	45	65

表 4-9 のデザインに従うデータを R を用いて発生させると以下のようになる。

```
# 係数の設定
mu <-  10
beta1 <-  0.3
beta2 <-  0.5
beta3 <-  1.1

# 要因計画
set.seed(123)
A <-  c(rep(c(0), 90), rep(c(1), 110)) # '0'x100, '1'x100
B <-  rep(c(rep(c(0), 45), rep(c(1), 55)), 2) # '0'x45, '1'x45, '0'x55,
'1'x55
e <-  rnorm(200,0,sd = 1) # 標準正規分布に従うランダムノイズ

# 回帰式に基づくデータ生成
Y <-  mu + beta1 * A + beta2 * B + beta3 * A * B + e
dat <-  data.frame(cbind(A, B, Y)) # データフレーム化
table(dat$A, dat$B)
```

```
     0  1
  0 45 45
  1 45 65
```

次に，要因Aと要因Bの投入順を変更して，タイプIの平方和に基づく標本効果量 $\widehat{\eta^2}$ を計算してみよう。

```
# Type I 平方和における投入順の影響
mod1 <- lm(Y ~ A + B, data = dat) # A→Bの順
mod2 <- lm(Y ~ B + A, data = dat) # B→Aの順
effectsize::eta_squared(mod1, alternative = "two.sided", partial = F)
effectsize::eta_squared(mod2, alternative = "two.sided", partial = F)
```

```
# Effect Size for ANOVA (Type I)

Parameter | Eta2 |       95% CI
-------------------------------
A         | 0.12 | [0.05, 0.21]
B         | 0.25 | [0.15, 0.35]

Parameter | Eta2 |       95% CI
-------------------------------
B         | 0.28 | [0.18, 0.38]
A         | 0.09 | [0.03, 0.17]
```

出力結果から分かる通り，同じ要因の効果量であっても投入順によって値が変化している。これは効果量の計算に使用しているタイプⅠの平方和が投入順によって変化しているためである。

この問題に対処する平方和として，**タイプⅡ・Ⅲの平方和**が提案されている。これらの平方和を用いると，投入順によって平方和の値が異なる問題を回避できる。R を用いると任意のタイプの平方和を使用して標本効果量を計算することができる。

```
# Type Ⅱ，Ⅲ平方和を用いた効果量
effectsize::eta_squared(car::Anova(mod1, type = 2), alternative =
"two.sided", partial = F)
effectsize::eta_squared(car::Anova(mod2, type = 2), alternative =
"two.sided", partial = F)
effectsize::eta_squared(car::Anova(mod1, type = 3), alternative =
"two.sided", partial = F)
effectsize::eta_squared(car::Anova(mod2, type = 3), alternative =
"two.sided", partial = F)
```

```
# Effect Size for ANOVA (Type II)

Parameter | Eta2 |       95% CI
-------------------------------
A         | 0.09 | [0.03, 0.18]
B         | 0.26 | [0.16, 0.36]

# Effect Size for ANOVA (Type II)

Parameter | Eta2 |       95% CI
-------------------------------
B         | 0.26 | [0.16, 0.36]
A         | 0.09 | [0.03, 0.18]

# Effect Size for ANOVA (Type III)

Parameter | Eta2 |       95% CI
-------------------------------
A         | 0.09 | [0.03, 0.18]
B         | 0.26 | [0.16, 0.36]

# Effect Size for ANOVA (Type III)
```

```
Parameter | Eta2 |        95% CI
--------------------------------
B         | 0.26 | [0.16, 0.36]
A         | 0.09 | [0.03, 0.18]
```

出力結果より，タイプⅡ・Ⅲの平方和を使用した場合には，投入順に関係なく同じ標本効果量が得られることが分かる。

本節ではここまで被験者間計画における効果量の計算法を紹介してきたが，被験者内計画や被験者内の要因を含む混合計画では，効果量と信頼区間の計算法が複雑になる。各デザインの効果量の計算方法は附録資料に示すので参照されたい。

第5章 相関の効果量

本章では，2 つの量的変数の相関に関する効果量とその信頼区間の計算方法を紹介する。5.1 節では，2 つの量的変数の相関に関する効果量を扱う。5.2 節では，2 つの量的変数の偏相関に関する効果量を扱う。

5.1 相関の効果量

いま，2 つの確率変数 X, Y が多変量正規分布に従うと仮定する。ここで，$\boldsymbol{\mu}$ は母平均ベクトル，$\boldsymbol{\Sigma}$ は分散共分散行列を表している。例えば，σ_X^2 は X の母分散であり，σ_{XY} は X と Y の母共分散である。

$$\begin{pmatrix} X \\ Y \end{pmatrix} \sim \mathrm{MultiNormal}(\boldsymbol{\mu}, \boldsymbol{\Sigma}), \tag{5.1}$$

$$\boldsymbol{\mu} = \begin{pmatrix} \mu_X \\ \mu_Y \end{pmatrix}, \boldsymbol{\Sigma} = \begin{pmatrix} \sigma_X^2 & \sigma_{XY} \\ \sigma_{XY} & \sigma_Y^2 \end{pmatrix} \tag{5.2}$$

変数間の相関を表す効果量には，共分散（非標準化相関）と相関係数（標準化相関）の 2 種類がある。

5.1.1 共分散（非標準化相関）

2 変数間の母共分散 σ_{XY} は（5.3）式で定義される。ここで，n はサンプルサイズ，μ_X は X の母平均，μ_Y は Y の母平均を表す。

$$\sigma_{XY} = \frac{1}{n}\sum_{i=1}^{n}(X_i - \mu_X)(Y_i - \mu_Y) \tag{5.3}$$

母共分散σ_{XY}を標本から推定する場合，推定量として（5.4）式に示す標本共分散s_{XY}が提案されている。ここで，$\bar{X}$はXの標本平均，$\bar{Y}$はYの標本平均を表す。

$$s_{XY} = \frac{1}{n}\sum_{i=1}^{n}(X_i - \bar{X})(Y_i - \bar{Y}) \tag{5.4}$$

しかし，標本共分散s_{XY}は不偏性を持たず，特に小標本においては過少推定になりがちである。そこでこのようなバイアスを補正した推定量として（5.5）式で定義される不偏共分散$\widehat{\sigma_{XY}}$がある。不偏共分散$\widehat{\sigma_{XY}}$は母共分散σ_{XY}の一致推定量かつ不偏推定量である。

$$\widehat{\sigma_{XY}} = \frac{1}{n-1}\sum_{i=1}^{n}(X_i - \bar{X})(Y_i - \bar{Y}) \tag{5.5}$$

いま，以下のパラメータを持つ多変量正規分布から無作為抽出によって$n = 50$の標本を得たとする。

$$\boldsymbol{\mu} = \begin{pmatrix} 0 \\ 0 \end{pmatrix}, \boldsymbol{\Sigma} = \begin{pmatrix} 1 & 0.5 \\ 0.5 & 1 \end{pmatrix} \tag{5.6}$$

Rではrmvnorm ( )関数によって，任意のパラメータの多変量正規分布に従う乱数を発生させることができる。発生する乱数は毎回変わるが，乱数の種を任意の値で固定することで同じ結果を再現することができる。

```
library(mvtnorm)
sigma <- matrix(c(1, 0.5, 0.5, 1), byrow = TRUE, ncol = 2) # 分散共
分散行列
mu <- c(0, 0) # 母平均ベクトル
n <- 50        # サンプルサイズ
set.seed(123) # 乱数の種の固定
dat.mv <- mvtnorm::rmvnorm(n = n, mean = mu, sigma = sigma) # 多変量
正規分布に従う乱数
dat <- data.frame(dat.mv) # データフレームへ変換
colnames(dat) <- c("X", "Y") # 変数名を指定
```

得られた標本の散布図を作成すると図5-1のようになる。

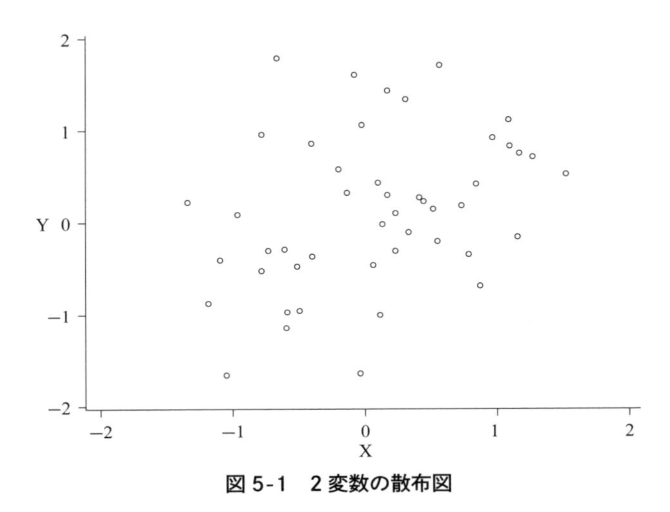

図5-1　2変数の散布図

得られた標本から標本共分散 s_{XY} および不偏共分散 $\widehat{\sigma_{XY}}$ を計算すると次のようになる。母共分散 σ_{XY} は 0.5 であり，標本抽出に伴う誤差が存在する。

```
sum((dat$X - mean(dat$X)) * (dat$Y - mean(dat$Y))) / n       # 標本共分散
sum((dat$X - mean(dat$X)) * (dat$Y - mean(dat$Y))) / (n - 1) # 不偏共分散
```

```
[1] 0.4050598
[1] 0.4133264
```

既存の関数を利用しても結果は一致する。

```
ucov <- cov(dat$X, dat$Y) # 不偏共分散
ucov
```

```
[1] 0.4133264
```

5.1.2 相関係数の推定量

2 変数間の母共分散を標準化した指標である母相関係数 ρ は（5.7）式で定義される。ここで，μ_X は X の母平均，μ_Y は Y の母平均を表す。共分散を 2 変数の標準偏差で割ることで，単位に依存せず研究間で比較可能な標準化効果量になっている。

$$\rho = \frac{\sigma_{XY}}{\sigma_X \cdot \sigma_Y} = \frac{\frac{1}{n}\sum_{i=1}^{n}(X_i - \mu_X)(Y_i - \mu_Y)}{\sqrt{\frac{1}{n}\sum_{i=1}^{n}(X_i - \mu_X)^2} \cdot \sqrt{\frac{1}{n}\sum_{i=1}^{n}(Y_i - \mu_Y)^2}} \tag{5.7}$$

母相関係数を標本から推定する場合，推定量として（5.8）式に示す標本相関係数 r が提案されている[1]。ここで，$\widehat{\sigma_{XY}}$ は X と Y の不偏共分散，$\widehat{\sigma_X}$ は X の標準偏差（不偏分散の平方根），$\widehat{\sigma_Y}$ は Y の標準偏差（不偏分散の平方根）を表す。

$$r = \frac{\widehat{\sigma_{XY}}}{\widehat{\sigma_X} \cdot \widehat{\sigma_Y}} = \frac{\frac{1}{n-1}\sum_{i=1}^{n}(X_i - \bar{X})(Y_i - \bar{Y})}{\sqrt{\frac{1}{n-1}\sum_{i=1}^{n}(X_i - \bar{X})^2} \cdot \sqrt{\frac{1}{n-1}\sum_{i=1}^{n}(Y_i - \bar{Y})^2}} \tag{5.8}$$

R を利用すれば，標本相関係数 r は以下のように計算できる。

```
ucov / (sd(dat$X) * sd(dat$Y)) # 標本相関係数 r
```

```
[1] 0.5019074
```

既存の関数を利用した場合でも同様の結果が得られる。

```
cor(dat$X, dat$Y) # 標本相関係数 r
```

```
[1] 0.5019074
```

なお，統計的帰無仮説検定によって相関係数の大きさを検定する方法として，（5.9）式で定義される検定統計量 t が帰無仮説の下で自由度 $n-2$ の t 分布

1　この推定量は一般的に**ピアソンの積率相関係数**（Pearson's product-moment correlation coefficient）と呼ばれる。また，片方の変数が 2 値データの場合の相関係数は**点双列相関係数**（point-biserial correlation coefficient）と呼ばれる。

に従うことを利用して，相関が無い（$\rho = 0$）という帰無仮説を棄却できるかどうかを判断する。

$$t = \frac{r \cdot \sqrt{n-2}}{\sqrt{1-r^2}} \tag{5.9}$$

Rを利用すれば，以下のように相関係数の検定を実行できる。

```
cor.test(dat$X, dat$Y)
```

```
        Pearson's product-moment correlation

data:  dat$X and dat$Y
t = 4.0204, df = 48, p-value = 0.0002044
alternative hypothesis: true correlation is not equal to 0
95 percent confidence interval:
 0.2598639 0.6846116
sample estimates:
      cor
0.5019074
```

5.1.3　相関係数の信頼区間

標本相関係数 r を Fisher の Z 変換によって変換した量の標本分布を標準正規分布で近似することで，95% 信頼区間は以下のように計算できる。ここで，tanh は双曲線正接変換，$\tanh^{-1}$ は逆変換（Fisher の Z 変換），$z_{0.975}$ は標準正規分布の下側確率 97.5%（上側確率 2.5%）に対応する z 値（≅ 1.96）を表す。

$$\tanh\left(\tanh^{-1} r \pm \frac{z_{0.975}}{\sqrt{n-3}}\right) \tag{5.10}$$

Rを用いると標本相関係数 r の 95% 信頼区間は以下のように求められる。

```
tanh(atanh(r) - qnorm(0.975) / sqrt(n - 3)) # 95% 信頼区間の下限値
tanh(atanh(r) + qnorm(0.975) / sqrt(n - 3)) # 95% 信頼区間の上限値
```

```
[1] 0.2598639
[1] 0.6846116
```

既存の関数を用いても結果は一致する。

```
library(MBESS)
MBESS::ci.cc(r = r, n = n, conf.level = 0.95)
```

```
$Lower.Limit
[1] 0.2598639

$Estimated.Correlation
[1] 0.5019074

$Upper.Limit
[1] 0.6846116
```

5.1.4 相関係数の不偏推定量

標本相関係数 r は不偏性を持たず，特に小標本においては過小推定になりがちである。そこでこのようなバイアスを補正した推定量として以下の式で定義される $\hat{\rho}$ がある（清水，2020, pp. 69–71）。ここで，F_h は超幾何関数，Γ はガンマ関数を表す。標本相関係数 $\hat{\rho}$ は，母効果量 ρ の一致推定量かつ一様最小分散不偏推定量である（Shieh, 2010）。

$$\hat{\rho} = r \cdot F_h\left(\frac{1}{2}, \frac{1}{2}; \frac{N-2}{2}; 1 - r^2\right) \tag{5.11}$$

$$F_h(a, b; c; x) = \sum_{k=0}^{\infty} \frac{\Gamma(a+k)\Gamma(\mathrm{b}+\mathrm{k})\Gamma(\mathrm{c})}{\Gamma(a)\Gamma(\mathrm{b})\Gamma(\mathrm{c}+\mathrm{k})} \cdot \frac{x^k}{k!} \tag{5.12}$$

R を用いると標本相関係数 $\hat{\rho}$ とその 95% 信頼区間は以下のように求められる。

```
library(gsl)
r.adj <- r * gsl::hyperg_2F1(0.5, 0.5, (n - 2) / 2, 1 - r^2)
r.adj
tanh(atanh(r.adj) - qnorm(0.975) / sqrt(n - 3)) # 95% 信頼区間の下限値
tanh(atanh(r.adj) + qnorm(0.975) / sqrt(n - 3)) # 95% 信頼区間の上限値
```

```
[1] 0.5059588
[1] 0.2649205
[1] 0.6874862
```

5.1.5　シミュレーションによるバイアスの検討

これまでに紹介した2つの標本相関係数が母相関係数の推定値としてどのような性質を持つのかをシミュレーションによって確認しよう。以下のコードでは，各効果量について結果格納用のオブジェクトを作成した上で，任意のサンプルサイズnで効果量を算出する計算を$k = 10000$回繰り返している。母相関は$\rho = 0.5$であることから，バイアスが無ければ10000個の相関係数の平均（期待値）と$\rho = 0.5$の差は0に近づくはずである。

```
r <- NULL      # 結果の格納用
r.adj <- NULL # 結果の格納用
n <- 10        # サンプルサイズ
df <- n - 2    # 自由度
k <- 10000     # シミュレーション回数
rho <- 0.5     # 母効果量
sigma <- matrix(c(1, rho, rho, 1), byrow = TRUE, ncol = 2) # 分散共
分散行列

set.seed(123)  # 乱数の種の固定
for (i in 1:k) {
  dat <- dat <-data.frame(rmvnorm(n = n, sigma = sigma))
  r[i] <- cor(dat)[2]
  r.adj[i] <- r[i] * gsl::hyperg_2F1(1/2, 1/2, (n - 2) / 2, 1 - r[i]^2)
}
# バイアス
mean(r) - rho
mean(r.adj) - rho
```

```
> mean(r) - rho
[1] -0.02166832
> mean(r.adj) - rho
[1] -0.0003825574
```

サンプルサイズnの値を変えながら$k = 10000$回のシミュレーションを繰り返すと，表5-1のような結果が得られる。

表5-1より，標本相関係数$\hat{\rho}$の方がrよりもバイアスが小さいことが読み取れる。特に，サンプルサイズが10以下の場合はその差が顕著であり，補正した標本効果量の使用が望ましい。

表 5-1　相関係数の標本効果量のバイアス

ES ＼ n	5	10	20	30	50	100	200
r	−0.049	−0.022	−0.010	−0.006	−0.004	−0.002	−0.001
$\hat{\rho}$	−0.001	0.000	0.000	0.000	0.000	0.000	0.000

5.1.6　信頼性の補正

測定の信頼性が低い場合，効果量が少なく見積もられる減衰が生じる（**相関の希薄化**）[2]。この問題に対して，測定の信頼性が分かっていればそれに応じた補正を行うことができる（Hunter & Schmidt, 2004; Wiernik & Dahlke, 2020）。相関係数とその誤差分散については，以下の式で補正できる。ここで，r_{xx}, r_{yy} はそれぞれの変数の測定の信頼性を表す。

$$r_c = \frac{r}{\sqrt{r_{xx}}\sqrt{r_{yy}}} \tag{5.13}$$

$$\hat{V}(r_c) = \hat{V}(r) \cdot \frac{r_c^2}{r^2} = \frac{(1-r^2)^2}{n-2} \cdot \frac{1}{r_{xx} \cdot r_{yy}} \tag{5.14}$$

実際には，信頼性係数の推定にも不確実性が伴うものであるが，ここでは $r_{xx} = 0.7, r_{yy} = 0.8$ として相関係数の補正を行ってみよう。R を用いると信頼性の補正は以下のように計算できる。

```
sigma <- matrix(c(1, 0.5, 0.5, 1), byrow = TRUE, ncol = 2) # 分散共分散行列
mu <- c(0, 0) # 母平均ベクトル
n <- 50       # サンプルサイズ
set.seed(123) # 乱数の種の固定
dat.mv <- mvtnorm::rmvnorm(n = n, mean = mu, sigma = sigma) # 多変量正規分布に従う乱数
dat <- data.frame(dat.mv) # データフレームへ変換
colnames(dat) <- c("X", "Y") # 変数名を指定
rxx <- 0.7
ryy <- 0.8
r <- cor(dat$X, dat$Y) # 標本相関係数 r
```

2　相関の希薄化には 3 つの種類が存在するが（椎名，2016），ここでは測定誤差による相関係数の絶対値の減少のことを指す。

```
rc <- r / sqrt(rxx * ryy)
rc
```

```
[1] 0.6707019
```

既存の関数を利用しても結果は一致する。

```
library(psychmeta)
psychmeta::correct_r(
  correction = "meas",
  rxyi = r,
  rxx = rxx,
  ryy = ryy,
  n = n,
)
```

```
Correlations Corrected for Measurement Error:
---------------------------------------------------------------------------
  value CI_LL_95 CI_UL_95  n n_effective
1 0.671    0.347    0.915 50        15.8
```

信頼性の補正がどのような効果を持つのかをシミュレーションによって確認しよう。以下のコードでは，補正前後の効果量について結果格納用のオブジェクトを作成した上で，任意の設定で乱数を発生させて標本効果量を算出する計算を $k = 10000$ 回繰り返している。ここでは，測定変数の信頼性を $r_{xx} = 0.7$, $r_{yy} = 0.8$，母効果量を $\rho = 0.2$，サンプルサイズを 20 と設定する。バイアスが無ければ補正済み効果量 r_c の平均（期待値）と $\rho = 0.5$ の差は 0 に近づくはずである。

```
r <- NULL  # 結果の格納用
rc <- NULL # 結果の格納用
rxx <- 0.7 # X の信頼性係数
ryy <- 0.8 # Y の信頼性係数
rho <- 0.5 # 母相関係数ρ
sigmavec <- matrix(c(1, rho, rho, 1),
                   byrow = TRUE, ncol = 2) # 分散共分散行列
n <- 20    # サンプルサイズ
k <- 10000 # シミュレーション回数
```

```
set.seed(123)
for (i in 1:k) {
  dat <- data.frame(rmvnorm(n = n, sigma = sigmavec))
  error1 <- rnorm(n, sd = sqrt(1 - rxx))
  error2 <- rnorm(n, sd = sqrt(1 - ryy))
  dat1_rea <- sqrt(rxx) * dat[,1] + error1
  dat2_rea <- sqrt(ryy) * dat[,2] + error2
  r[i] <- cor(dat1_rea, dat2_rea)
  rc[i] <- r[i] / sqrt(rxx * ryy)
}

# バイアス
mean(r) - rho
mean(rc) - rho
```

```
> mean(r) - rho
[1] -0.1339267
> mean(rc) - rho
[1] -0.01081394
```

シミュレーション結果より，信頼性の補正を行うことでバイアスが減少したことが読み取れる。

5.1.7　結果の報告

相関の効果量を報告する際には，以下の3点を報告することが推奨される。

1. 効果量の種類（$r, \hat{\rho}$ など）
2. 効果量の点推定値
3. 推定の不確実性（95% 信頼区間など）

R を用いて以下のように結果報告の表や文章を出力することもできる。

```
set.seed(123)
sigma <- matrix(c(1, 0.5, 0.5, 1),
                byrow = TRUE, ncol = 2) # 分散共分散行列
mu <- c(0, 0) # 母平均ベクトル
n <- 50       # サンプルサイズ
```

```
set.seed(123) # 乱数の種の固定
dat.mv <- mvtnorm::rmvnorm(n = n, mean = mu, sigma = sigma) # 多変量
正規分布に従う乱数
dat <- data.frame(dat.mv) # データフレームへ変換
colnames(dat) <- c("X", "Y") # 変数名を指定

library(report)
report::report_table(cor.test( ~ X + Y, data = dat))
report::report(cor.test( ~ X + Y, data = dat))
```

```
Pearson's product-moment correlation

Parameter1 | Parameter2 |    r |       95% CI | t(48) |      p
---------------------------------------------------------------
X          |          Y | 0.50 | [0.26, 0.68] |  4.02 | < .001

Effect sizes were labelled following Funder's (2019)
recommendations.
The Pearson's product-moment correlation between X and Y is
positive, statistically significant, and very large (r = 0.50, 95%
CI [0.26, 0.68], t(48) = 4.02,
p < .001)
```

日本語での結果報告としては以下のような例が考えられる。

> 変数Xと変数Yの間には正の相関が見られた（r=.50, 95% CI [.26, .68], t(48)= 4.02, p < .001）。

5.2　偏相関の効果量

前節では2変数間の相関関係を表す指標について紹介したが，2変数と相関を持つ別の交絡因子が存在した場合，相関係数は2変数間の関係を正しく捉えられていない可能性がある。このような場合，交絡因子による影響を取り除いた指標として，**偏相関係数**（partial correlation coefficient）を用いることが有効である。

5.2.1 偏相関係数の推定量

2 変数 X, Y の相関から交絡変数 Z の影響を取り除いた母偏相関係数 $\rho_{XY \cdot Z}$ は（5.15）式で定義される。ここで，$\rho_{XY}, \rho_{XZ}, \rho_{ZY}$ は各変数間の母相関係数を表す。

$$\rho_{XY \cdot Z} = \frac{\rho_{XY} - \rho_{XZ} \cdot \rho_{ZY}}{\sqrt{1-\rho_{XZ}^2}\sqrt{1-\rho_{ZY}^2}} \tag{5.15}$$

母偏相関係数を標本から推定する場合，推定量として（5.16）式に示す標本偏相関係数 $r_{XY \cdot Z}$ が提案されている。ここで，r_{xy}, r_{xz}, r_{zy} は各変数間の標本相関係数を表す。

$$r_{xy \cdot z} = \frac{r_{xy} - r_{xz} \cdot r_{zy}}{\sqrt{1-r_{xz}^2}\sqrt{1-r_{zy}^2}} \tag{5.16}$$

いま，以下のパラメータを持つ多変量正規分布から無作為抽出によって $n = 50$ の標本を得たとする。

$$\boldsymbol{\mu} = \begin{pmatrix} 0 \\ 0 \\ 0 \end{pmatrix}, \boldsymbol{\Sigma} = \begin{pmatrix} 1 & 0.7 & 0.6 \\ 0.7 & 1 & 0.5 \\ 0.6 & 0.5 & 1 \end{pmatrix} \tag{5.17}$$

R では rmvnorm ( ) 関数によって，任意のパラメータの多変量正規分布に従う乱数を発生させることができる。

```
library(mvtnorm)
sigma <- matrix(c(1, 0.7, 0.6,
                  0.7, 1, 0.5,
                  0.6, 0.5, 1), byrow = TRUE, ncol = 3) # 分散共分散
行列
n <- 50        # サンプルサイズ
set.seed(123) # 乱数の種の固定
dat <-data.frame(mvtnorm::rmvnorm(n = n, sigma = sigma)) # 多変量正
規分布に従う乱数をデータフレームへ
colnames(dat) <- c("X", "Y", "Z") # 変数名を指定
```

得られた標本の散布図を作成すると図 5-2 のようになる。

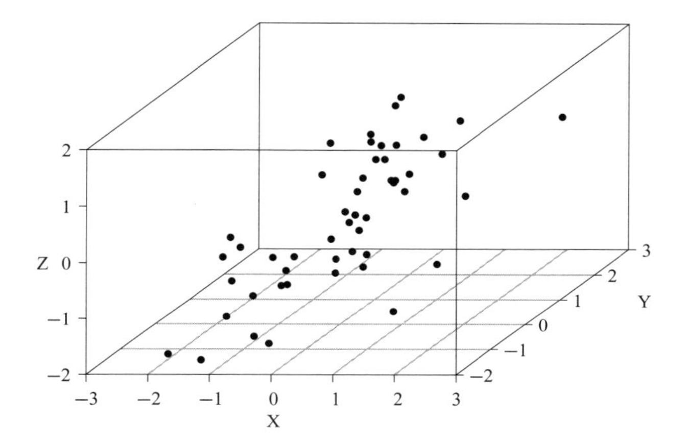

図 5-2　3 変数の散布図

得られた標本から標本偏相関係数 $r_{XY \cdot Z}$ を計算すると以下のようになる。

```
rxy <- cor(dat$X, dat$Y)
rxz <- cor(dat$X, dat$Z)
rzy <- cor(dat$Z, dat$Y)
rxy.z <- (rxy-rxz*rzy)/(sqrt(1-rxz^2)*sqrt(1-rzy^2))
rxy.z
```

```
[1] 0.5984416
```

既存の関数を利用した場合でも同様の結果が得られる。

```
library(correlation)
correlation::correlation(dat, partial = F) # 相関係数
correlation::correlation(dat, partial = T) # 偏相関係数
```

```
> correlation::correlation(dat, partial = F) # 相関係数
# Correlation Matrix (pearson-method)

Parameter1 | Parameter2 |    r |        95% CI | t(48) |         p
---------------------------------------------------------------------
X          |          Y | 0.69 | [0.52, 0.81]  |  6.68 | < .001***
```

```
X          |          Z | 0.53 | [0.30, 0.71] |  4.35 | < .001***
Y          |          Z | 0.46 | [0.21, 0.65] |  3.57 | < .001***

p-value adjustment method: Holm (1979)
Observations: 50
> correlation::correlation(dat, partial = T) # 偏相関係数
# Correlation Matrix (pearson-method)

Parameter1 | Parameter2 |    r |          95% CI | t(48) |         p
------------------------------------------------------------------
X          |          Y | 0.60 | [ 0.38, 0.75] |  5.18 | < .001***
X          |          Z | 0.33 | [ 0.06, 0.56] |  2.46 | 0.035*
Y          |          Z | 0.15 | [-0.14, 0.41] |  1.02 | 0.313

p-value adjustment method: Holm (1979)
Observations: 50
```

出力結果から，交絡変数が統制されたことで，偏相関係数は相関係数よりも小さくなっていることが読み取れる。

5.2.2 偏相関係数の信頼区間

偏相関係数の信頼区間も相関係数の場合と同様に計算することができる。標本偏相関係数をFisherのZ変換によって変換した量の標本分布を正規分布で近似することで，95%信頼区間は以下のように計算できる。ここで，tanhは双曲線正接変換，$\tanh^{-1}$は逆変換（FisherのZ変換），$z_{0.975}$は標準正規分布の下側確率97.5%に対応するz値（≅1.96）を表す。

$$\tanh\left(\tanh^{-1} r_{XY\cdot Z} \pm \frac{z_{0.975}}{\sqrt{n-3}}\right) \tag{5.18}$$

Rを用いると標本相関係数$r_{XY\cdot Z}$の95%信頼区間は以下のように求められる。

```
tanh(atanh(rxy.z) - qnorm(0.975) / sqrt(n - 3)) # 95% 信頼区間の下限値
tanh(atanh(rxy.z) + qnorm(0.975) / sqrt(n - 3)) # 95% 信頼区間の上限値
```

```
[1] 0.3840703
[1] 0.7515928
```

5.2.3 偏相関係数の不偏推定量

標本偏相関係数 $r_{XY \cdot Z}$ は不偏性を持たず，特に小標本においては過小推定になりがちである。そこで，相関係数の不偏推定量を用いて偏相関係数を計算することで，バイアスを小さくすることができる。ここで，F_h は超幾何関数，Γ はガンマ関数を表す。

$$\widehat{\rho_{xy \cdot z}} = \frac{\widehat{\rho_{xy}} - \widehat{\rho_{xz}} \cdot \widehat{\rho_{zy}}}{\sqrt{1-\widehat{\rho_{XZ}^2}}\sqrt{1-\widehat{\rho_{ZY}^2}}} \tag{5.19}$$

$$\widehat{\rho_{xy}} = r_{xy} \cdot F_h\left(\frac{1}{2}, \frac{1}{2}; \frac{N-2}{2}; 1 - r_{xy}^2\right) \tag{5.20}$$

$$F_h(a, b; c; x) = \sum_{k=0}^{\infty} \frac{\Gamma(a+k)\Gamma(\mathrm{b}+\mathrm{k})\Gamma(\mathrm{c})}{\Gamma(a)\Gamma(\mathrm{b})\Gamma(\mathrm{c}+\mathrm{k})} \cdot \frac{x^k}{k!} \tag{5.21}$$

R を用いると標本偏相関係数 $\widehat{\rho_{xy \cdot z}}$ とその 95% 信頼区間は以下のように求められる。

```
library(gsl)
rxy.adj <- rxy * gsl::hyperg_2F1(0.5, 0.5, (n - 2) / 2, 1 - rxy^2)
rxz.adj <- rxz * gsl::hyperg_2F1(0.5, 0.5, (n - 2) / 2, 1 - rxz^2)
rzy.adj <- rzy * gsl::hyperg_2F1(0.5, 0.5, (n - 2) / 2, 1 - rzy^2)
rxy.z.adj <- (rxy.adj - rxz.adj * rzy.adj) / (sqrt(1 - rxz.adj ^
2) * sqrt(1 - rzy.adj ^ 2))
rxy.z.adj
tanh(atanh(rxy.z.adj) - qnorm(0.975) / sqrt(n - 3)) # 95% 信頼区間の
下限値
tanh(atanh(rxy.z.adj) + qnorm(0.975) / sqrt(n - 3)) # 95% 信頼区間の
上限値
```

```
[1] 0.6014652
[1] 0.3880901
[1] 0.753641
```

第6章

連関の効果量

本章では，2つの質的変数の**連関**（association）の強さを表す効果量について検討する。6.1節では，分割表の基礎的な性質について確認する。6.2節では，連関の効果量としてϕ係数を，6.3節ではクラメールのVを扱う。

6.1　分割表の基礎

いま，r行c列の分割表について，母集団における各セルの確率をπ_{ij}と表すことにする。例えば，1行1列目のセルの確率はπ_{11}と表現される。

	1	2	$\cdots$	c	計
1	π_{11}	π_{12}	$\cdots$	π_{1c}	$\pi_{1.}$
2	π_{21}	π_{22}	$\cdots$	π_{2c}	$\pi_{2.}$
$\vdots$	$\vdots$	$\vdots$	$\ddots$	$\vdots$	$\vdots$
r	π_{r1}	π_{r2}	$\cdots$	π_{rc}	$\pi_{r.}$
計	$\pi_{.1}$	$\pi_{.2}$	$\cdots$	$\pi_{.c}$	1

確率の定義より，(6.1) 式に示す通り確率の和は1となる。

$$\sum_{i=1}^{r}\sum_{j=1}^{c}\pi_{ij}=1 \tag{6.1}$$

上記の確率に従う母集団から標本を得た場合，サンプルサイズNに対する各セルの観測値の割合をp_{ij}と表す。例えば，サンプルサイズ$N=100$に対して，1行1列目のセルが10回観測された場合，$p_{11}=0.1$である。

	1	2	⋯	c	計
1 2 ⋮ r	p_{11} p_{21} ⋮ p_{r1}	p_{12} p_{22} ⋮ p_{r2}	⋯ ⋯ ⋱ ⋯	p_{1c} p_{2c} ⋮ p_{rc}	$p_{1.}$ $p_{2.}$ ⋮ $p_{r.}$
計	$p_{.1}$	$p_{.2}$	⋯	$p_{.c}$	1

2つの質的変数の関連性の強さを表す効果量には平均平方分割係数（ϕ 係数）と平均平方正準相関係数（Cramér's V）の2種類が提案されている。

6.2 平均平方分割係数（ϕ 係数）

6.2.1 平均平方分割係数（ϕ 係数）の推定量

2つの質的変数の関連性の強さを表す母効果量 ρ_{phi}^2 は（6.2）式で定義される（Bergsma, 2013）。これは平均平方分割係数（mean square contingency coefficient）であり，その平方根は一般的に **ϕ 係数**（phi coefficient）と呼ばれる[1]。

$$\rho_{phi}^2 = \sum_{i=1}^{r} \sum_{j=1}^{c} \frac{\left(\pi_{ij} - \pi_{i.} \cdot \pi_{.j}\right)^2}{\pi_{i.} \cdot \pi_{.j}} \tag{6.2}$$

$$\rho_{phi} = \sqrt{\rho_{phi}^2} \tag{6.3}$$

母効果量 ρ_{phi} を標本から推定する場合，推定量として（6.4）式に示す標本効果量 r_{phi} が提案されている（Bergsma, 2013）。ここで，χ^2 はカイ二乗検定の検定統計量を表す。

$$r_{phi} = \sqrt{\sum_{i=1}^{r} \sum_{j=1}^{c} \frac{\left(p_{ij} - p_{i.} \cdot p_{.j}\right)^2}{p_{i.} \cdot p_{.j}}} = \sqrt{\frac{\chi^2}{n}} \tag{6.4}$$

2行2列の分割表を例に，具体的な効果量の計算を示す。いま，以下の確率

1　ただし，一般的に ϕ 係数は分割表が2行2列の場合のみに用いられる。2行2列の場合の ϕ 係数は，2変数がともに2値データのときのピアソンの積率相関係数 r の絶対値に相当する。また，ϕ 係数は機械学習の分脈において Matthews correlation coefficient とも呼ばれる。

に従う母集団から $n = 100$ の標本を得たとしよう。

	1	2
1	$\pi_{11} = 0.1$	$\pi_{12} = 0.4$
2	$\pi_{21} = 0.4$	$\pi_{22} = 0.1$

R では rmultinom ( ) 関数によって，任意のパラメータの多項分布に従う乱数を発生させることができる。発生する乱数は毎回変わるが，乱数の種を任意の値で固定することで同じ結果を再現することができる。

```
set.seed(123)
n <- 100 # 全体のサンプルサイズ
dat1 <- matrix(rmultinom(n = 1, size = n,
                         prob = c(0.1,0.4,0.4,0.1)),
                         byrow = TRUE, ncol = 2) # 多項分布に従う乱数
dat1
```

```
     [,1] [,2]
[1,]    8   47
[2,]   33   12
```

得られた標本から標本効果量 r_{phi} を計算すると次のようになる。母効果量 ρ_{phi} は 0.6 であり，標本抽出に伴う誤差が存在する。

```
row_totals <- apply(dat1, 1, sum) # 行の合計
col_totals <- apply(dat1, 2, sum) # 列の合計
expected_dat <- outer(row_totals, col_totals) / n # 期待度数
chi2 <- sum((dat1 - expected_dat) ^ 2 / expected_dat) # カイ二乗値
rphi <- sqrt(chi2 / n)
rphi  # 標本効果量 r_phi
```

```
[1] 0.5946446
```

既存の関数を利用しても結果は一致する。

```
library(effectsize)
effectsize::phi(dat1, adjust = F, alternative = "two.sided") |>
print(digits = 6)
```

```
Phi      |               95% CI
-------------------------------
0.594645 | [0.398648, 0.790641]
```

なお，統計的帰無仮説検定によって2つの質的変数の独立性を検討する方法としては**カイ二乗検定**が知られており，検定統計量 χ^2 が帰無仮説の下で自由度 df=$(r-1)(c-1)$ のカイ二乗分布に従うことを利用して，2つの質的変数が独立であるという帰無仮説を棄却できるかどうかを判断する。既存の関数を利用すると以下の通りカイ二乗検定を実行できる。

```
res1 <- chisq.test(dat1, correct = F)
res1
```

```
        Pearson's Chi-squared test

data:  dat
X-squared = 35.36, df = 1, p-value = 2.74e-09
```

6.2.2 平均平方分割係数（ϕ 係数）の信頼区間

検定統計量 χ^2 が対立仮説の下で自由度 df=$(r-1)(c-1)$，非心度 λ の非心 χ^2 分布（noncentral chi-squared distribution）に従うことを利用すると，標本効果量 r_{phi} の信頼区間を構成できる[2]。

$$\chi^2 \sim \text{Noncentral}\,\chi^2\,(df, \lambda) \tag{6.5}$$

$$df = (r-1)(c-1) \tag{6.6}$$

$$\lambda = \rho_{phi}^2 \cdot n \tag{6.7}$$

今回の例の場合，自由度1の非心 χ^2 分布を非心度 λ を変えながら描いていったとき，検定統計量 χ^2 の実現値 $\chi^2 = 35.36$ が上側確率0.975に一致する非

2　2つの変数が独立の場合，非心度 λ は0となり，非心 χ^2 分布は χ^2 分布に一致する。

心度 λ_H を求める。そして，それを n で割って平方根をとることで効果量 ρ_{phi} に変換したものが効果量 r_{phi} の信頼区間の上限値になる。同様に，検定統計量 χ^2 の実現値が非心 χ^2 分布の上側確率 0.025 に一致する非心度 λ_L を求めて変換すれば効果量 r_{phi} の信頼区間の下限値になる。R を用いると非心 χ^2 分布に基づく標本効果量 r_{phi} の 95% 信頼区間は以下のように求められる。

```
library(MBESS)
lambda.ci <- MBESS::conf.limits.nc.chisq(Chi.Square =
res1$statistic[[1]], df = res1$parameter[[1]])
sqrt((lambda.ci$Lower.Limit) / n) # 95% 信頼区間の上限値
sqrt((lambda.ci$Upper.Limit) / n) # 95% 信頼区間の下限値
```

```
[1] 0.3986482
[1] 0.790641
```

既存の関数を利用しても結果は一致する。

```
effectsize::phi(dat1, adjust = F, alternative = "two.sided")|>
print(digits = 6)
```

```
Phi      |               95% CI
-------------------------------
0.594645 | [0.398648, 0.790641]
```

6.2.3　平均平方分割係数（ϕ 係数）の補正

標本効果量 r_{phi} は不偏性を持たず，特に小標本においては過小推定になりがちである。そこでこのようなバイアスを補正した推定量として（6.9）式で定義される $\widehat{\rho_{phi}}$ がある（Bergsma, 2013）。標本効果量 $\widehat{\rho_{phi}}$ は厳密には不偏推定量ではないが，サンプルサイズが大きい場合には不偏と見なせる程のバイアスの少なさを示す。ここで，n は全体のサンプルサイズ，r は行の数，c は列の数を表す。max(A, B) は任意の実数 A, B の小さくない方を返す関数であり，ここでは推定値が 0 を下回った場合には 0 に変換することを意図している。

$$\widehat{\rho^2_{phi}} = \max\left(0,\ r^2_{phi} - \frac{1}{n-1}(r-1)(c-1)\right) \tag{6.8}$$

$$\widehat{\rho_{phi}} = \sqrt{\widehat{\rho^2_{phi}}} \tag{6.9}$$

Rを用いると標本効果量$\widehat{\rho_{phi}}$とその95%信頼区間は以下のように求められる。

```
r <- nrow(dat1) # 行の数
c <- ncol(dat1) # 列の数

r2phi.adj <- max(0, rf ^ 2 - (r - 1) * (c - 1) / (n - 1))
rphi.adj <- sqrt(r2phi.adj) # 推定量ρ̂phi
rphi.adj
sqrt((lambda.ci$Lower.Limit) / n - (r - 1) * (c - 1) / (n - 1))
sqrt((lambda.ci$Upper.Limit) / n - (r - 1) * (c - 1) / (n - 1))
```

```
[1] 0.5860897
[1] 0.3857711
[1] 0.7842271
```

既存の関数を利用しても結果は一致する。ここでは，adjust = Tとすることで補正を指示している。

```
effectsize::phi(dat1, adjust = T, alternative = "two.sided") |>
print(digits = 7)
```

```
Phi (adj.) |                 95% CI
-----------------------------------
0.5860897  | [0.3857711, 0.7842271]
```

6.3　平均平方正準相関係数（Cramér's V）

6.3.1　平均平方正準相関係数（Cramér's V）の推定量

前節で紹介した効果量ρ^2_{phi}は$0 \leq \rho^2_{phi} \leq \min(r-1, c-1)$の値をとること

から[3]，分割表の大きさによって最大値が異なるため研究間で比較しづらいという問題がある。そこで，0から1の範囲の値をとる効果量として，（6.10）式で定義される ρ_v^2 が提案されている（Cramer, 1946）。これは平均平方正準相関係数（mean square canonical correlation coefficient）であり，その平方根は一般的に**クラメールのV**（Cramér's V）と呼ばれる[4]。

$$\rho_v^2 = \frac{\rho_f^2}{\min(r-1, c-1)} \tag{6.10}$$

$$\rho_v = \sqrt{\rho_v^2} \tag{6.11}$$

母効果量 ρ_v を標本から推定する場合，推定量として以下のような標本効果量 r_v が提案されている。ここで，χ^2 はカイ二乗検定の検定統計量を表す。

$$\begin{aligned} r_v &= \sqrt{\frac{1}{\min(r-1, c-1)} \sum_{i=1}^{r} \sum_{j=1}^{c} \frac{\left(p_{ij} - p_{i.} \cdot p_{.j}\right)^2}{p_{i.} \cdot p_{.j}}} \\ &= \sqrt{\frac{\chi^2}{n \cdot \min(r-1, c-1)}} \end{aligned} \tag{6.12}$$

3行3列の分割表を例に，具体的な効果量の計算を示す。いま，以下の確率に従う母集団から $n = 100$ の標本を得たとしよう。

	1	2	3
1	$\pi_{11} = \frac{2}{9}$	$\pi_{12} = \frac{1}{18}$	$\pi_{13} = \frac{1}{18}$
2	$\pi_{21} = \frac{1}{18}$	$\pi_{22} = \frac{2}{9}$	$\pi_{23} = \frac{1}{18}$
3	$\pi_{31} = \frac{1}{18}$	$\pi_{32} = \frac{1}{18}$	$\pi_{33} = \frac{2}{9}$

Rではrmultinom ( ) 関数によって，任意のパラメータの多項分布に従う乱数を発生させることができる。

3　$\min(r-1, c-1)$ は，$r-1$ と $c-1$ のどちらか大きくない方の値を返す関数である。
4　2行2列の分割表の場合，平均平方正準相関係数（Cramér's V）は平均平方分割係数（ϕ 係数）と一致する。

```
set.seed(123)
n <- 100 # サンプルサイズ
dat2 <- matrix(rmultinom(n = 1,size = n, prob = c(2/9,1/18,1/18,
                                                  1/18,2/9,1/18,
                                                  1/18,1/18,2/9)
                         ), byrow = TRUE, nrow = 3, ncol = 3)
dat2
```

```
     [,1] [,2] [,3]
[1,]   20    7    5
[2,]    8   28    1
[3,]    5    8   18
```

得られた標本から標本効果量 r_v を計算すると次のようになる。母効果量 ρ_v は 0.5 であり，標本抽出に伴う誤差が存在する。

```
res2 <- chisq.test(dat2, correct = F) # カイ二乗検定
chi2 <- res2$statistic[[1]] # カイ二乗値の取り出し
df <- res2$parameter[[1]] # 自由度の取り出し
r <- nrow(dat2) # 行の数
c <- ncol(dat2) # 列の数
rv <- sqrt(chi2 / (n * min(r - 1, c - 1))) # 効果量 r_v
rv
```

```
[1] 0.5005988
```

既存の関数を利用しても結果は一致する。

```
effectsize::cramers_v(dat2, adjust = F, alternative = "two.
sided") |> print(digits = 6)
```

```
Cramer's V |                95% CI
----------------------------------
0.500599   | [0.343966, 0.625778]
```

6.3.2 平均平方正準相関係数（Cramér's V）の信頼区間

検定統計量 χ^2 が対立仮説の下で自由度 df=$(r-1)(c-1)$，非心度 λ の非心

χ^2 分布に従うことを利用すると，標本効果量 r_v の信頼区間を構成できる[5]。

$$\chi^2 \sim \text{Noncentral}\,\chi^2\,(df, \lambda) \tag{6.13}$$

$$df = (r-1)(c-1) \tag{6.14}$$

$$\lambda = \rho_v^2 \cdot \min(r-1, c-1) \cdot n \tag{6.15}$$

$$\rho_v = \sqrt{\frac{\lambda}{\min(r-1, c-1) \cdot n}} \tag{6.16}$$

今回の例の場合，自由度 4 の非心 χ^2 分布を非心度 λ を変えながら描いていったとき，検定統計量 χ^2 の実現値 $\chi^2 = 50.12$ が上側確率 0.975 に一致する非心度 λ_H を求める。そして，それを上式に基づき効果量 ρ_v に変換したものが効果量 r_v の信頼区間の上限値になる。同様に，検定統計量 χ^2 の実現値が非心 χ^2 分布の上側確率 0.025 に一致する非心度 λ_L を求めて変換すれば効果量 r_v の信頼区間の下限値になる。R を用いると非心 χ^2 分布に基づく標本効果量 r_v の 95% 信頼区間は以下のように求められる。

```
lambda.ci <- MBESS::conf.limits.nc.chisq(Chi.Square = chi2, df =
df)
sqrt((lambda.ci$Lower.Limit) / (min(r - 1, c - 1) * n))
sqrt((lambda.ci$Upper.Limit) / (min(r - 1, c - 1) * n))
```

```
[1] 0.3439656
[1] 0.6257783
```

既存の関数を利用しても結果は一致する。

```
effectsize::cramers_v(dat2, adjust = F, alternative = "two.
sided") |> print(digits = 6)
```

```
Cramer's V |                 95% CI
-----------------------------------
```

5　2 つの変数が独立の場合，非心度 λ は 0 となり，非心 χ^2 分布は χ^2 分布に一致する。

```
0.500599    | [0.343966, 0.625778]
```

6.3.3 平均平方正準相関係数（Cramér's V）の補正

標本効果量 r_v は不偏性を持たず，特に小標本においては過小推定になりがちである。そこでこのようなバイアスを補正した推定量として（6.17）式で定義される $\widehat{\rho_v}$ がある（Bergsma, 2013）。標本効果量 $\widehat{\rho_v}$ は厳密には不偏推定量ではないが，サンプルサイズが大きい場合には不偏と見なせる程のバイアスの少なさを示す。ここで，n は全体のサンプルサイズ，r は行の数，c は列の数を表す。

$$\widehat{\rho_v^2} = \frac{\widehat{\rho_{phi}^2}}{\min(\hat{r}-1, \hat{c}-1)} = \frac{\max\left(0, \dfrac{\chi^2}{n} - \dfrac{1}{n-1}(r-1)(c-1)\right)}{\min(\hat{r}-1, \hat{c}-1)} \tag{6.17}$$

$$\hat{r} = r - \frac{1}{n-1}(r-1)^2 \tag{6.18}$$

$$\hat{c} = c - \frac{1}{n-1}(c-1)^2 \tag{6.19}$$

$$\widehat{\rho_v} = \sqrt{\widehat{\rho_v^2}} \tag{6.20}$$

R を用いると標本効果量 $\widehat{\rho_v}$ とその 95% 信頼区間は以下のように求められる。

```
r.adj <- r - (r - 1) ^ 2 / (n - 1)
c.adj <- c - (c - 1) ^ 2 / (n - 1)
r2phi.adj <- max(0, chi2 / n - (r - 1) * (c - 1) / (n - 1))
rv.adj <- sqrt(r2phi.adj / min(r.adj-1, c.adj-1))
rv.adj
sqrt(((lambda.ci$Lower.Limit) / n - (r - 1) * (c - 1) / (n - 1)) /
min(r.adj - 1, c.adj - 1)) # 95% 信頼区間の下限値
sqrt(((lambda.ci$Upper.Limit) / n - (r - 1) * (c - 1) / (n - 1)) /
min(r.adj - 1, c.adj - 1)) # 95% 信頼区間の上限値
```

```
[1] 0.4849202
[1] 0.3164383
[1] 0.6156738
```

既存の関数を利用しても結果は一致する。ここでは，adjust = T とすることで補正を指示している。

```
effectsize::phi(dat1, adjust = T, alternative = "two.sided")|>
print(digits = 7)
```

```
Cramer's V (adj.) |                  95% CI
------------------------------------------
0.4849202         | [0.3164383, 0.6156737]
```

6.3.4　結果の報告

連関の効果量を報告する際には，以下の 3 点を報告することが推奨される。

1. 効果量の種類（$r_v, \widehat{\rho_v}$ など）
2. 効果量の点推定値
3. 推定の不確実性（95% 信頼区間など）

R を用いて以下のように結果報告の表や文章を出力することもできる。

```
library(report)
set.seed(123)
n <- 100 # サンプルサイズ
dat3 <- matrix(rmultinom(n = 1,size = n, prob = c(2/9,1/18,1/18,
                                                   1/18,2/9,1/18,
                                                   1/18,1/18,2/9)),
               byrow = TRUE, nrow = 3, ncol = 3) # データ生成
dat3
res3 <- chisq.test(dat3, correct = F) # カイ二乗検定

report::report_table(res3, adjust = T, alternative = "two.sided")
report::report(res3, adjust = T, alternative = "two.sided")
```

```
Pearson's Chi-squared test

Chi2(4) |      p | Cramer's V (adj.) | Cramers_v_adjusted  CI
-------------------------------------------------------------
50.12   | < .001 |              0.48 |           [0.32, 0.62]
```

```
The Pearson's Chi-squared test of independence between suggests
that the effect is statistically significant, and very large (chi2
= 50.12, p < .001;
Adjusted Cramer's v = 0.48, 95% CI [0.32, 0.62])
```

日本語での結果報告としては以下のような例が考えられる。

分割表において変数Xと変数Yの間には連関が見られた（$\chi^2 = 50.12$, $p < .001$, $\widehat{\rho_v} = .48$, 95% CI [.32, .62]）。

第7章

頑健な効果量

本章では，モデルの仮定から逸脱した場合に各効果量がどのような振る舞いを示すかを検討した上で，より頑健な効果量を紹介する。7.1 節では，モデルの仮定から逸脱した場合の各効果量の振る舞いを扱う。7.2 節では，より頑健な要約統計量を扱う。7.3 節では，より頑健な標準化平均値差や相関係数を扱う。7.4 節では，天井効果や床効果への対処を扱う。7.5 節では，モデルの仮定が少ないより柔軟な効果量を扱う。

7.1 モデルの仮定からの逸脱の影響

前章までに紹介した効果量では，データの生成過程に何かしらのモデルを仮定することで，その不確実性を評価することを可能にしていた。例えば，3.2 節で紹介した独立した 2 群の標準化平均値差では，2 つの群のデータが等分散の正規分布に従うことを仮定していた。しかしながら，心理学・教育学の分野において得られるデータは厳密にこのような分布に従うとは限らない。例えば，大学入試の共通一次試験（現：大学入学共通テスト）の得点分布は，正規分布には従わず，ベータ分布などに従うことが指摘されている（杉浦，1981）。また，正規分布に従うデータであっても，外れ値やノイズの混入によって分布が歪められる場合がある。これらの様々な原因によってモデルの仮定から逸脱した場合でも，妥当な結果を与え続けるような頑健（robust）な方法であれば安心して使用できる。例えば，第 3 章で紹介した Student の t 検定は，両群のサンプルサイズがある適度大きく等分散であれば，正規分布からの逸脱に頑健であることが知られている（Sawilowsky & Blair, 1992; 井上，2005）。しかしながら，

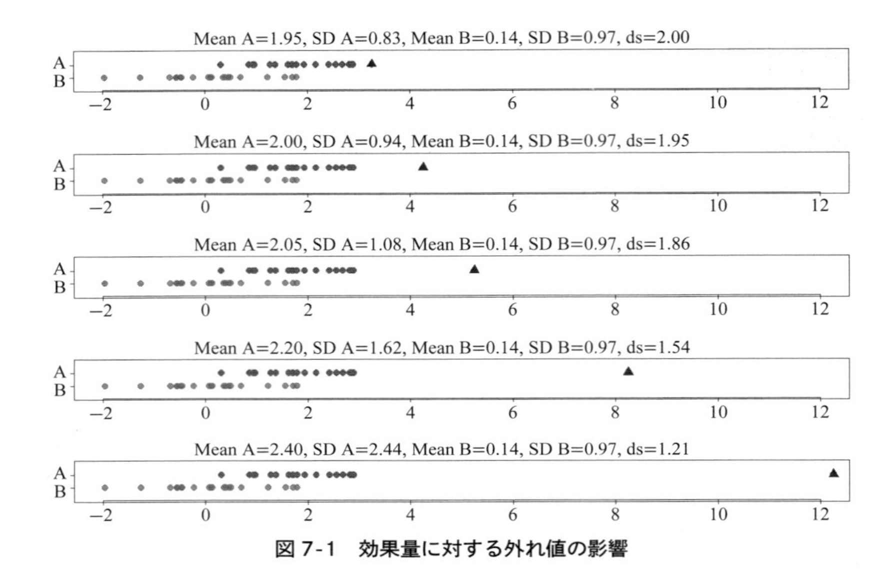

図 7-1　効果量に対する外れ値の影響

モデルの仮定からの逸脱に敏感に反応して結果が大きく変わるような場合は問題となる。

例として，2 つの正規母集団 $\mathcal{N}(0, 1)$, $\mathcal{N}(2, 1)$ から無作為抽出によって大きさ 20 ずつの独立な標本を得たとしよう。このうち，片方の群の 1 つの値を少しずつ大きくしていってみる。それぞれについて，群ごとの平均（Mean）・標準偏差（SD）と，群間の標準化平均値差 d_s を計算すると図 7-1 のようになる。

図 7-1 において，1 行目の図ではどちらの群も正規分布に従っており，標準化平均値差 d_s のモデルの仮定を満たしている。しかしながら，2 行目以降で群 A の 1 つの値を大きくしていくと，モデルの仮定から逸脱していくことになる。群 A の統計量に着目すると，平均の増加は緩やかであるのに対して，標準偏差は急激に増加している。その結果として，標準化平均値差 d_s は徐々に減少している。図 7-1 のプロットを見ると両群の分布の中心位置は変わっていないように見えることから，標準化平均値差 d_s の値は妥当な指標とは言えない。このように，モデルの仮定から外れた極端な値（外れ値）は効果量の解釈をゆがめることにつながる。

モデルの仮定から外れた値は，測定の失敗や人為的なミスに加えて，異なる生成過程のデータが混入することでも生じる。例えば，標準正規分布 $\mathcal{N}(0, 1)$ に従うデータに，分散が極端に大きな正規分布 $\mathcal{N}(0, 25)$ からのデータが混入した状況を考えてみよう。このような分布は**混合正規分布**（gaussian mixture model）と呼ばれる。混入の割合が 10% の混合正規分布の母標準偏差は $\sigma = 3.3$ であり，標準正規分布の母標準偏差 $\sigma = 1.0$ から大きくずれることになる。これは図 7-2 に示す通り，実線で示す混合正規分布が破線で示す標準正規分布と比べて裾の重い分布となっており，分散が大きいためである。多くの効果量はその計算に分散を使用することから，分散の変化は効果量にも影響を与える。

これまで示した通り，データの生成過程がモデルの仮定から逸脱した場合，効果量やその計算に使用する平均や分散といった統計量が大きく変化し，解釈がゆがめられることになる。そこでこのような問題に対処するため，モデルの仮定からの逸脱に頑健な効果量について次節以降で検討していく。

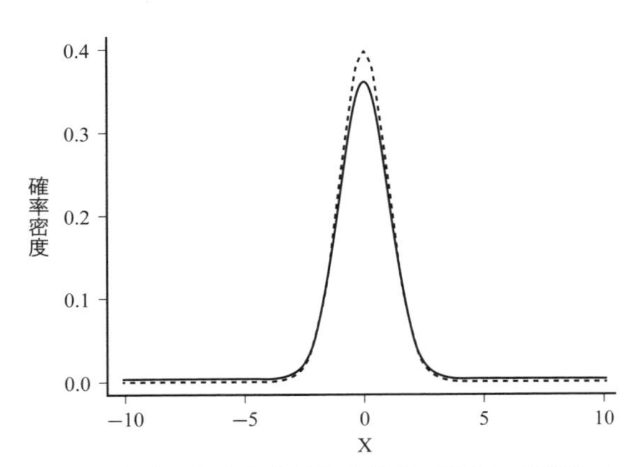

図 7-2　標準正規分布（破線）と混合正規分布（実線）の比較

7.2　外れ値に頑健な平均・分散

頑健な効果量指標を検討する前に，本節では外れ値に頑健な平均・分散の指標について検討する。多くの効果量指標はその計算に平均・分散を用いることから，これらの頑健な指標を検討することは頑健な効果量指標を検討する上での重要な基礎となる。

7.2.1　トリム平均

トリム平均（trimmed mean）とは，分布の両端のデータを一定の割合で取り除いて計算した平均値のことを指す。例えば，10% トリム平均であれば，分布の下端の 10%，上端の 10% を切り捨てる。取り除く割合を 50% にすると，トリム平均は中央値に一致する。いま 10 個の測定値を昇順に並び替えて $X_1 \ldots X_{10}$ としたとき，10% トリム平均は以下のように計算される。

$$\overline{X_t} = \frac{X_2 + X_3 + \cdots + X_8 + X_9}{8} \tag{7.1}$$

両端のデータを取り除くことで，外れ値や分布の歪みの影響を軽減し，より適切に分布の中心傾向を捉えられるようになる。例として，標準正規分布 $\mathcal{N}(0, 1)$ に従う大きさ 20 の標本のうち 1 つの値を極端に大きくしたデータを用いて，相加平均と 10% トリム平均を比較してみよう。

```
set.seed(123)
dat <- sort(rnorm(20,0,1)) # 標準正規分布に従う乱数を昇順で並べ替え
mean(dat) # 相加平均
mean(dat, trim = 0.1) # 10% トリム平均

dat[20] <- dat[20] + 10 # 外れ値の生成
mean(dat) # 相加平均
mean(dat, trim = 0.1) # 10% トリム平均
```

```
[1] 0.1416238        # 相加平均（外れ値なし）
[1] 0.160136         # 10% トリム平均（外れ値なし）
[1] 0.6416238        # 相加平均（外れ値あり）
[1] 0.160136         # 10% トリム平均（外れ値あり）
```

出力結果を見ると，外れ値を生成する前の平均はどちらも大きく変わらない。これに対して，外れ値を加えた後では相加平均が大きく変化したのに対してトリム平均は値が変わっていない。トリム平均では外れ値を取り除くことで，安定して中心傾向を表すことができている。

7.2.2　Winsolized 平均・分散

前項で紹介したトリム平均は一定の割合をデータから取り除くため，サンプルサイズが元の値と変わっている。そこで，分布の両端のデータを取り除くのではなく，トリムされなかった最小値・最大値に置換することで，サンプルサイズを同じにすることができる。この操作を Winsorizing と呼び，操作後に計算される平均を **Winsolized 平均**と呼ぶ。例えば，10 個の測定値を昇順に並び替えて $X_1 ... X_{10}$ としたとき，10% Winsolized 平均は（7.2）式のように計算される。ここでは，下端の X_1 を取り除く代わりにトリムされなかった最小値の X_2 に置換している。同様に，上端の X_{10} はトリムされなかった最大値の X_9 に置換している。

$$\overline{X_w} = \frac{X_2 + X_2 + X_3 + \cdots + X_8 + X_9 + X_9}{10} \tag{7.2}$$

Winsolized 平均を用いて計算した（不偏）分散は，**Winsolized 分散**と呼ばれる。例えば，10 個の測定値を昇順に並び替えて $X_1 ... X_{10}$ としたとき，10% Winsolized 分散は以下のように計算される。また，Winsolized 分散の平方根を Winsolized 標準偏差と呼ぶ。

$$\widehat{\sigma_w^2} = \frac{1}{10-1}\sum(X_i - \overline{X_w})^2 \tag{7.3}$$

7.2.1 と同じデータを用いて，Winsolized 平均および Winsolized 分散を求めると以下のようになる。

```
# 標準正規分布の場合
library(WRS2)
set.seed(123)
dat <- sort(rnorm(20,0,1)) # 標準正規分布に従う乱数を昇順で並べ替え
```

```
mean(dat) # 相加平均
var(dat)  # 不偏分散
WRS2::winmean(dat, tr = 0.1) # Winsolized 平均
WRS2::winvar(dat, tr = 0.1)  # Winsolized 分散

# 外れ値が加わった場合
dat[20] <- dat[20] + 10 # 外れ値の生成
mean(dat) # 相加平均
var(dat)  # 不偏分散
WRS2::winmean(dat, tr = 0.1) # Winsolized 平均
WRS2::winvar(dat, tr = 0.1)  # Winsolized 分散
```

```
[1] 0.1416238  # 相加平均（外れ値なし）
[1] 0.9460778  # 不偏分散（外れ値なし）
[1] 0.2152944  # Winsolized 平均（外れ値なし）
[1] 0.6131473  # Winsolized 分散（外れ値なし）

[1] 0.6416238  # 相加平均（外れ値あり）
[1] 7.677961   # 不偏分散（外れ値あり）
[1] 0.2152944  # Winsolized 平均（外れ値あり）
[1] 0.6131473  # Winsolized 分散（外れ値あり）
```

出力結果を見ると，Winsolized 平均や Winsolized 分散は外れ値の影響を受けずに一貫した結果を示していることが分かる。

このような頑健性は，図 7-2 に示したような裾の重い分布に対しても有効である。標準正規分布 $\mathcal{N}(0, 1)$ に従うデータに，分散が極端に大きな正規分布 $\mathcal{N}(1, 25)$ からのデータが 10% 混入した混合正規分布に従う大きさ 100 のデータの平均と分散を求めてみよう。

```
n <- 100
set.seed(123)
dat <- EnvStats::rnormMix(n, mean1 = 0, sd1 = 1, mean2 = 1, sd2 =
5, p.mix = 0.1) # 混合正規分布に従うデータ
mean(dat) # 相加平均
mean(dat, trim = 0.1) # 10% トリム平均
WRS2::winmean(dat, tr = 0.1) # Winsolized 平均
var(dat)  # 不偏分散
WRS2::winvar(dat, tr = 0.1)  # 10%Winsolized 分散
```

```
> mean(dat) # 相加平均
```

```
[1] -0.1280609
> mean(dat, trim = 0.1) # 10%トリム平均
[1] -0.07998713
> WRS2::winmean(dat, tr = 0.1) # Winsolized平均
[1] -0.08279974

> var(dat)  # 不偏分散
[1] 3.973104
> WRS2::winvar(dat, tr = 0.1)  # 10%Winsolized分散
[1] 0.7915601
```

出力結果より，相加平均や不偏分散が混入したデータの影響を強く受けているのに対して，トリム平均とWinsolized平均・分散は混入前の標準正規分布の特徴をよく捉えられていることが読み取れる。

7.3　外れ値に頑健な効果量

7.3.1　外れ値に頑健な標準化平均値差

前節で紹介した外れ値に頑健な平均と分散の指標を用いて定義された標準化平均値差として，(7.4) 式で示す母効果量 δ_R が提案されている（Algina, Keselman, & Penfield, 2005）。これは20%トリム平均と20% Winsolized分散を用いて計算される標準化平均値差であり，3人の著者の頭文字をとって一般的に**AKP効果量**（AKP effect size）と呼ばれる。ここで，μ_{tA}, μ_{tB} はそれぞれ群A, 群Bの20%トリム母平均，σ_w は2群に共通な20% Winsolized母標準偏差である。ここでは群間で分散が等しいこと（等分散）を仮定している。0.642を乗じているのは，20%が切り捨てられた分布から切り捨てられる前の分布へと変換し，3.2節で扱った δ_s との比較を可能にするためである。

$$\delta_R = 0.642 \cdot \left(\frac{\mu_{tA} - \mu_{tB}}{\sigma_w} \right) \tag{7.4}$$

母効果量 δ_R を標本から推定する場合，推定量として以下のような標本効果量 d_R が提案されている（Algina et al., 2005）。ここで，$\overline{A_t}, \overline{B_t}$ は 群A, Bの20%

トリム標本平均，$\widehat{\sigma_w}$ は2群を統合した20% Winsolized標準偏差を表す。また，n_A, n_B は群A, Bのサンプルサイズ，$\widehat{\sigma_{wA}^2}, \widehat{\sigma_{wB}^2}$ は群A, Bの20% Winsolized分散を表す。標本効果量 d_R は正規性と分散の均一性という2つの仮定からの逸脱に頑健であることが知られている（Li, 2016）。

$$d_R = 0.642 \cdot \frac{\overline{A_t} - \overline{B_t}}{\widehat{\sigma_w}} \tag{7.5}$$

$$\widehat{\sigma_w} = \sqrt{\widehat{\sigma_w^2}} = \sqrt{\frac{(n_A - 1)\widehat{\sigma_{wA}^2} + (n_B - 1)\widehat{\sigma_{wB}^2}}{n_A + n_B - 2}} \tag{7.6}$$

いま，2つの正規分布 $\mathcal{N}(1, 1), \mathcal{N}(0, 1)$ に，分散が極端に大きな正規分布 $\mathcal{N}(1, 25)$ がそれぞれ10%混入した混合正規分布から，無作為抽出によって大きさ100ずつの独立な標本を得たとしよう。Rを利用すれば，標本効果量 d_R は以下のように計算できる。

```
nA <- 100 # 群Aのサンプルサイズ
nB <- 100 # 群Bのサンプルサイズ
tr <- 0.2 # トリム割合

set.seed(123)
A <- EnvStats::rnormMix(nA, mean1 = 1, sd1 = 1, mean2 = 1, sd2 = 5,
p.mix = 0.1) # 混合正規分布に従う乱数A
B <- EnvStats::rnormMix(nB, mean1 = 0, sd1 = 1, mean2 = 1, sd2 = 5,
p.mix = 0.1) # 混合正規分布に従う乱数B
dat <- data.frame(score=c(A, B), group=as.factor(rep(c("A", "B"),
each = 100)))  # データフレーム化

sd_pooled <- sqrt(((nA - 1) * WRS2::winvar(A, tr = tr) + (nB - 1) *
WRS2::winvar(B, tr = tr)) / (nA + nB - 2)) # プールした2群の20%
Winsolized標準偏差
dnormvar<-function(x){x ^ 2 * dnorm(x)}
cterm <- sqrt(MASS::area(dnormvar, qnorm(tr), qnorm(1 - tr)) + 2 *
(qnorm(tr) ^ 2) * tr) # ≒0.642（変換係数）
dR <- cterm * (mean(A, trim = tr) - mean(B, trim = tr)) / sd_
pooled # 標本効果量dR
dR
```

```
[1] 0.7780591
```

既存の関数を利用した場合でも同様の結果が得られる。

```
WRS2::akp.effect(score ~ group, data = dat, EQVAR = T)
```

```
$AKPeffect
[1] 0.7780591

$AKPci
[1] 0.4357638 1.2230187
```

なお，統計的帰無仮説検定によって 2 群のトリム平均値差を検討する方法としては **Yuen の t 検定**が知られており（Yuen & Dixon, 1973），（7.7）式で定義される検定統計量 t が帰無仮説の下で自由度 df の t 分布に従うことを利用して，群間で平均値に差が無い（$\mu_A = \mu_B$）という帰無仮説を棄却できるかどうかを判断する。ここで，$\bar{A}$ は A の標本平均，$\bar{B}$ は B の標本平均，$\widehat{\sigma_w}$ は 2 群を統合した 20% Winsolized 標準偏差，h_A はトリム後の A のサンプルサイズ，h_B はトリム後の B のサンプルサイズ，N はトリム前の全体のサンプルサイズを表す。展開していくと，検定統計量 t_{yuen} は効果量とサンプルサイズの関数となっていることが分かる。

$$t_{yuen} = \frac{\overline{A_t} - \overline{B_t}}{\widehat{\sigma_w}} \cdot \sqrt{\frac{h_A h_B (h_A + h_B - 2)}{(h_A + h_B)(N-2)}} = \frac{d_R}{0.642} \cdot \sqrt{\frac{h_A h_B (h_A + h_B - 2)}{(h_A + h_B)(N-2)}} \tag{7.7}$$

$$df = \frac{(q_A + q_B)^2}{\frac{q_A^2}{h_A - 1} + \frac{q_B^2}{h_B - 1}} \tag{7.8}$$

$$q_A = \frac{(n_A - 1)\widehat{\sigma_{wA}^2}}{h_A(h_A - 1)} \tag{7.9}$$

$$q_B = \frac{(n_B - 1)\widehat{\sigma_{wB}^2}}{h_B(h_B - 1)} \tag{7.10}$$

R を利用すれば，以下のように Yuen の t 検定を実行できる。

```
WRS2::yuen(score ~ group, data = dat)
```

```
Call:
WRS2::yuen(formula = score ~ group, data = dat)
```

```
Test statistic: 5.1249 (df = 115.06), p-value = 0

Trimmed mean difference:  0.82138
95 percent confidence interval:
0.5039     1.1388

Explanatory measure of effect size: 0.48
```

検定統計量tが対立仮説の下で，非心度λ，自由度dfの非心t分布に従うことを利用して，信頼区間を構成する。

$$t_{yuen} \sim \text{Noncentral t}\,(df, \lambda) \tag{7.11}$$

$$\lambda = \frac{\delta_R}{0.642} \cdot \sqrt{\frac{h_A h_B (h_A + h_B - 2)}{(h_A + h_B)(N - 2)}} \tag{7.12}$$

今回の例の場合，自由度$df = 115.06$の非心t分布を非心度λを変えながら描いていったとき，検定統計量tの実現値$t_{yuen} = 5.125$が上側確率0.975に一致する非心度λ_Hを求める。そして，それを（7.12）式に基づき逆変換することで効果量δ_Rに変換したものが効果量d_Rの信頼区間の上限値になる。同様に，検定統計量tの実現値が非心t分布の上側確率0.025に一致する非心度λ_Lを求めて変換すれば効果量d_Rの信頼区間の下限値になる。Rを用いると非心t分布に基づく標本効果量d_Rの95%信頼区間は以下のように求められる。

```
# t値
hA <- nA - nA * tr * 2
hB <- nB - nB * tr * 2
sc <- sqrt((hA * hB * (hA + hB - 2)) / ((hA + hB)*(nA + nB - 2)))
t <- dR * sc / cterm
t

# 自由度
qA <- (nA - 1) * WRS2::winvar(A, tr = tr) / (hA * (hA - 1))
qB <- (nB - 1) * WRS2::winvar(B, tr = tr) / (hB * (hB - 1))
df <- (qA + qB) ^ 2 / ((qA ^ 2 / (hA - 1)) + (qB ^ 2 / (hB - 1)))
df

# 信頼区間
library(MBESS)
lambda.ci <- MBESS::conf.limits.nct(t.value = t,
```

```
                         df = df,
                         conf.level = .95) # 非心 t 分布の 95% 点
lambda.ci$Lower.Limit * cterm * sqrt(((hA + hB)*(nA + nB - 2))/(hA
* hB * (hA + hB - 2)))  # 95% 信頼区間の下限値
lambda.ci$Upper.Limit * cterm * sqrt(((hA + hB)*(nA + nB - 2))/(hA
* hB * (hA + hB - 2)))  # 95% 信頼区間の上限値
```

```
[1] 0.4624882
[1] 1.090582
```

ただし，標本効果量 d_R の信頼区間を構成する際には，ブートストラップ法を使用することが推奨されている。以下のコードでは，nboot で反復回数を指定することで，パーセンタイル法によるブートストラップ信頼区間を求めることができる。

```
WRS2::akp.effect(score ~ group, data = dat, EQVAR = T, nboot =
5000)
```

```
$AKPeffect
[1] 0.7780591

$AKPci
[1] 0.447850 1.195967
```

出力結果より，標本効果量の 95% 信頼区間は [0.448, 1.196] であることが読み取れる。混入した正規分布の影響を除けば，私たちが捉えたい標準化平均値差は 1 程度であり，信頼区間には 1 が含まれていることが確認できる。

7.3.2　外れ値に頑健な相関係数

前節で紹介した頑健な分散の指標を用いて定義された相関係数として，(7.13) 式で示す母効果量 ρ_R が提案されている（Wilcox, 1993）。これは Winsolized 分散を用いて計算される相関係数であり，一般的には **Winsolized 相関**（Winsorized correlation）と呼ばれる。ここで，σ^2_{wX}, σ^2_{wY} は各変数の Winsolized 母分散，σ^2_{wXY} は Winsolized 母共分散を表す。

$$\rho_R = \sqrt{\frac{\sigma_{wXY}^2}{\sigma_{wX}^2 \cdot \sigma_{wY}^2}} \tag{7.13}$$

母効果量 ρ_R を標本から推定する場合，推定量として以下のような標本効果量 r_R が提案されている。ここで，$\overline{X_w}, \overline{Y_w}$ は Winsolized 平均，n はサンプルサイズを表す。

$$r_R = \sqrt{\frac{\widehat{\sigma_{wXY}^2}}{\widehat{\sigma_{wX}^2} \cdot \widehat{\sigma_{wY}^2}}} = \sqrt{\frac{\frac{1}{n-1}\sum(X_i - \overline{X_w})(Y_i - \overline{Y_w})}{\frac{1}{n-1}\sum(X_i - \overline{X_w})^2 \cdot \frac{1}{n-1}\sum(Y_i - \overline{Y_w})^2}} \tag{7.14}$$

なお，統計的帰無仮説検定によって Winsolized 相関係数の大きさを検定する方法として，以下の式で定義される検定統計量 t が帰無仮説の下で自由度 df の t 分布に従うことを利用して，相関が無い（$\rho_R = 0$）という帰無仮説を棄却できるかどうかを判断する（Wilcox, 1993）。ここで，tr はトリム割合を指す。

$$t = \frac{r_R \cdot \sqrt{n-2}}{\sqrt{1 - r_R^2}} \tag{7.15}$$

$$df = n - 2 - 2 \cdot tr \tag{7.16}$$

いま，以下のパラメータを持つ多変量正規分布から無作為抽出によって $n = 50$ の標本を得たとする。

$$\boldsymbol{\mu} = \begin{pmatrix} 0 \\ 0 \end{pmatrix}, \boldsymbol{\Sigma} = \begin{pmatrix} 1 & 0.5 \\ 0.5 & 1 \end{pmatrix} \tag{7.17}$$

```
sigma <- matrix(c(1, 0.5, 0.5, 1), byrow = TRUE, ncol = 2) # 分散共
分散行列
mu <- c(0, 0) # 母平均ベクトル
n <- 20       # サンプルサイズ
set.seed(123) # 乱数の種の固定
dat.mv <- mvtnorm::rmvnorm(n = n, mean = mu, sigma = sigma) # 多変量
正規分布に従う乱数
dat <- data.frame(dat.mv) # データフレームへ変換
colnames(dat) <- c("X", "Y") # 変数名を指定
```

標本内の 1 つの値に極端な大きさの値を加えて外れ値を生成する。

```
dat[1,1] <- dat[1,1] + 50 # 外れ値の生成
```

Winsolized 相関係数およびブートストラップ信頼区間は以下コードで求められる。ピアソンの積率相関係数と比べると，Winsolized 相関は本来の母相関係数 $\rho = 0.5$ に近い値を示している。

```
WRS2::wincor(dat,tr = 0.2, ci = T, nboot = 5000) #20%Winsolized 相関 rR
cor(dat) # ピアソンの積率相関係数 r
```

```
Call:
WRS2::wincor(x = dat, tr = 0.2, ci = T, nboot = 5000)

Robust correlation coefficient: 0.5075
Test statistic: 2.499
p-value: 0.0315

Bootstrap CI: [-0.0096; 0.8703]


        Pearson's product-moment correlation

data:  dat$X and dat$Y
t = -0.20391, df = 18, p-value = 0.8407
alternative hypothesis: true correlation is not equal to 0
95 percent confidence interval:
 -0.4803239  0.4030767
sample estimates:
        cor
-0.04800716
```

7.4　切断データにおける効果量

モデルの仮定からの逸脱は，測定上の問題に起因して本来の値の観測に失敗することで生じることもある。例えば，テストが簡単すぎた場合，多くの人が満点を獲得してしまい，その人達の本来の学力得点は観測できない。反対に，テストが難しすぎた場合，多くの人が 0 点を獲得してしまい，その人達の本来の学力得点は観測できない。前者のように測定の上限によって個人の得点が本来の値よりも低くなることを**天井効果**（ceiling effect）と呼ぶ。後者のように測定の上限によって個人の得点が本来の値よりも低くなることを**床効果**（floor effect）と呼ぶ。測定上の問題に起因して天井効果や床効果が発生しているデータは**切断データ**（censored data）と呼ばれ，分析に工夫が必要となる。

7.4.1 天井効果・床効果に頑健な平均・分散

天井効果や床効果は平均や分散の計算に影響するため，切断データをそのまま用いると効果量の推定する際に問題が生じる（Liu & Wang, 2021）。例えば，本来の得点が正規分布 $\mathcal{N}(\mu, \sigma^2)$ に従うが，テストが簡単すぎて床効果が発生していたとしよう。測定の下限を a とし，本来の得点 Y が下限を下回った場合は a が観測されるとする。実際に観測された得点は Y^* と表記する。

$$Y^* = \begin{cases} a, & \text{if } Y \leq a \\ Y, & \text{if } a < Y \end{cases} \tag{7.18}$$

本来の得点 Y が標準正規分布が測定の下限 $a = -1$ によって床効果が発生している場合，実際に観測される得点 Y^* は図 7-3 のような切断正規分布に従うことになる。この場合の Y^* の期待値と分散は，標準正規分布の母平均 μ や母分散 σ^2 に一致しない（Greene, 2003, p. 763）。天井効果が発生していた場合も同様である。

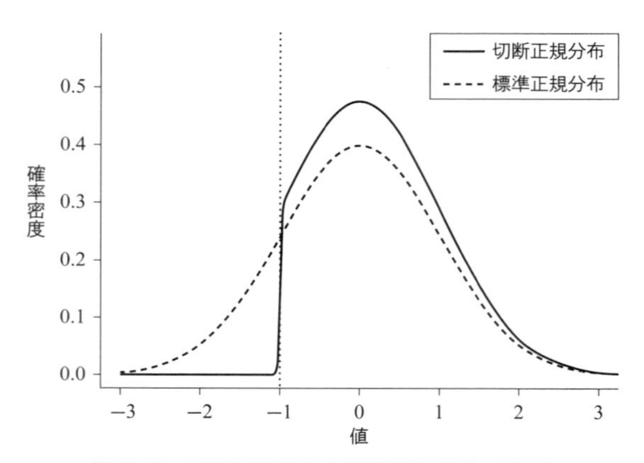

図 7-3　切断正規分布と標準正規分布の比較

では，測定の上限や下限を超えたデータを除去するとどうなるだろうか。測定の上限を a，下限を b とし，上限を上回った場合や下限を下回った場合はデータが除去されるとする。実際に観測された得点は Y' と表記する。

$$Y' = \begin{cases} removed,\ \ if\ Y \leq a \\ Y,\ \ if\ a < Y < b \\ removed,\ \ if\ Y \geq b \end{cases} \tag{7.19}$$

この場合の Y' の期待値と分散は以下のようになり，本来の得点 Y が従う正規分布の母平均や母分散に一致しない（Aitkin, 1964）。ここで，$\phi(\cdot)$ は標準正規分布の確率密度関数，$\Psi(\cdot)$ は標準正規分布の累積分布関数を指す[1]。例えば，$\phi(\alpha)$ は標準正規分布における $\alpha = (\alpha - \mu)/\sigma$ の点の確率密度を返す。$\Psi(\alpha)$ は標準正規分布における下側確率 $Prob(Y^* \leq a)$ を返す。

$$E[Y'] = E(Y|a < Y < b) = \mu + \sigma \cdot \frac{\phi(\alpha) - \phi(\beta)}{\Psi(\beta) - \Psi(\alpha)} \tag{7.20}$$

$$\begin{aligned} &Var[Y'] = Var(Y|a < Y < b) \\ &= \sigma^2 \left[1 + \frac{\alpha \cdot \phi(\alpha) - \beta \cdot \phi(\beta)}{\Psi(\beta) - \Psi(\alpha)} - \left(\frac{\phi(\alpha) - \phi(\beta)}{\Psi(\beta) - \Psi(\alpha)} \right)^2 \right] \end{aligned} \tag{7.21}$$

$$\alpha = \frac{a - \mu}{\sigma},\ \ \beta = \frac{b - \mu}{\sigma} \tag{7.22}$$

上記の期待値や分散を標本から推測する場合，以下のような推定量を使用することができる。（7.23）式に示す M' は Y' の標本平均，（7.24）式に示す S'^2 は Y' の実現値の標本不偏分散を表している。すなわち，上限や下限に達したデータを除去した上で平均や分散を計算していることになる。n' はデータ除去後のサンプルサイズであり，$n' \leq n$ となる。

$$M' = \frac{1}{n'} \sum_{i=1}^{n'} Y'_i \tag{7.23}$$

1　R において確率密度関数は dnorm( )，累積分布関数は pnorm( ) で計算できる。

$$S'^2 = \frac{1}{n'-1}\sum_{i=1}^{n'}(Y_i' - M')^2 \tag{7.24}$$

上記の統計量は以下のように修正することで，本来の得点の正規分布における母平均 μ や母分散 σ^2 の推定量となる（Liu & Wang, 2021）。ここで，（7.27）式における f は n 個の観測得点のうち床効果が発生しているデータの割合であり，（7.28）式における c は天井効果が発生しているデータの割合である。z_f は標準正規分布の下側確率 f に対応する z 値であり，$z_{(1-c)}$ は下側確率 $1-c$ に対応する z 値である。

$$\widetilde{M} = M' + \sqrt{S^2}\cdot\frac{\phi(\hat{\beta}) - \phi(\hat{\alpha})}{\Psi(\hat{\beta}) - \Psi(\hat{\alpha})} \tag{7.25}$$

$$\widetilde{S^2} = \frac{S'^2}{1 + \frac{\alpha\cdot\phi(\hat{\alpha}) - \beta\cdot\phi(\hat{\beta})}{\Psi(\hat{\beta}) - \Psi(\hat{\alpha})} - \left(\frac{\phi(\hat{\alpha}) - \phi(\hat{\beta})}{\Psi(\hat{\beta}) - \Psi(\hat{\alpha})}\right)} \tag{7.26}$$

$$\hat{\alpha} = z_f \tag{7.27}$$

$$\hat{\beta} = z_{(1-c)} \tag{7.28}$$

具体例として，本来の得点が正規分布 $\mathcal{N}(60, 20^2)$ に従うが，使用するテストが 0 ～ 100 点しか測定できないため，天井効果と床効果が発生している状況を考えよう。R を用いて正規分布 $\mathcal{N}(60, 20^2)$ に従う乱数を 1000 個発生させ，100 を上回る値を 100 へ，0 を下回る値を 0 へと置換する。これが実際に観測された得点である。

```
set.seed(123) # 乱数の種の固定
n <- 1000     # サンプルサイズ
y <- rnorm(n,60,20) # 正規分布に従う乱数
y[y <= 0] <- 0      # 床効果
y[y >= 100] <- 100 # 天井効果
```

図 7-4 に示す実際に観測された得点のヒストグラムを確認すると，天井効果・床効果によって正規分布 $\mathcal{N}(60, 20^2)$ からのずれが生じていることが読み

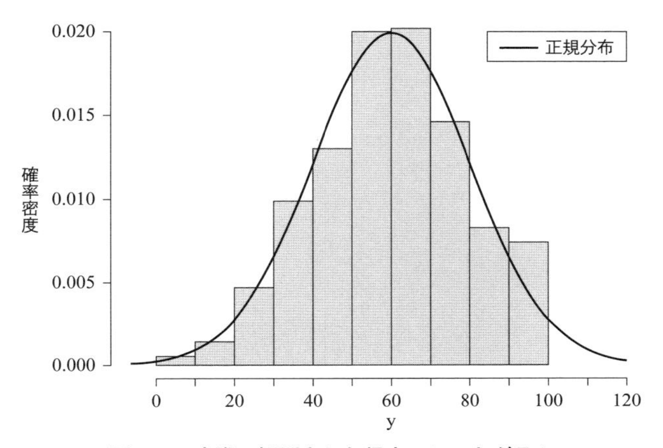

図 7-4　実際に観測された得点のヒストグラム

取れる。

天井効果や床効果の発生していないデータ，すなわち 100 点と 0 点を除いたデータのみを使用して標本平均 M'，標本不偏分散 S'^2 を計算すると以下のようになる。ただし，これは母平均 μ や母分散 σ^2 の推定量ではない。

```
y.t = y[y != max(y) & y != min(y)] # 天井効果・床効果を除いたデータ
(mean = mean(y.t)) # 標本平均 M'
(var = var(y.t))    # 標本不偏分散 S'^2
```

```
[1] 59.03861
[1] 336.8674
```

次に，標本における天井効果や床効果の割合を算出し，そこから $\hat{\alpha}$ と $\hat{\beta}$ を計算する。

```
floor.perc <- sum(y == min(y)) / length(y) * (sum(y == min(y)) >=
1)    # 床効果の割合
ceiling.perc <- sum(y == max(y)) / length(y) * (sum(y == max(y))
>= 1) # 天井効果の割合
a <- qnorm(floor.perc)         # 下側切断点の確率密度
b <- qnorm(1 - ceiling.perc) # 上側切断点の確率密度
```

最後に，$\hat{\alpha}$ と $\hat{\beta}$ を用いて標本平均 M'，標本不偏分散 S'^2 を補正する。これは，本来の得点の母平均 μ や母分散 σ^2 の推定量である。

```
term1 = (b * dnorm(b) - a * dnorm(a)) / (pnorm(b) - pnorm(a)) # 補正項1
term2 = (dnorm(b) - dnorm(a)) / (pnorm(b) - pnorm(a))         # 補正項2
var.o = var / (1 - term1 - term2 ^ 2)  # 補正後の平均
mean.o = mean + sqrt(var.o) * term2     # 補正後の分散
mean.o
var.o
```

```
[1] 60.28037
[1] 392.2076
```

既存の関数を使えば，天井効果や床効果の割合，本来の平均・分散の推定値は以下のように求められる。

```
library(DACF)
DACF::rec.mean.var(y)
```

```
$ceiling.percentage      # 天井効果の割合
[1] 0.028
$floor.percentage        # 床効果の割合
[1] 0.001

$est.mean                # 平均の推定値
[1] 60.28037
$est.var                 # 分散の推定値
[1] 392.2076
```

7.4.2 天井効果・床効果に頑健な標準化平均値差

本来の平均・分散の推定値を使用すれば，天井効果や床効果に頑健な効果量が得られる。例えば，独立した2群の平均値差に関する母効果量 δ_s の推定量 d'_s は，以下のように求められる。ここで，$\widetilde{M_A}$，$\widetilde{M_B}$ は群A，Bにおける本来の平均の推定値，$\widetilde{S_A^2}$，$\widetilde{S_B^2}$ は群A，Bにおける本来の分散の推定値，m，n は群A，Bのサンプルサイズを表す。

$$d'_s = \frac{\widetilde{M_A} - \widetilde{M_B}}{\hat{\sigma}} \tag{7.29}$$

$$\hat{\sigma} = \sqrt{\widehat{\sigma^2}} = \sqrt{\frac{(m-1)\widetilde{S_A^2} + (n-1)\widetilde{S_B^2}}{m+n-2}} \tag{7.30}$$

例として，2 つの正規母集団 $\mathcal{N}(2, 1), \mathcal{N}(1, 1)$ から無作為抽出によって大きさ $m = 100, n = 100$ の独立な標本を得たとする。ただし，どちらも床効果が 10%，天井効果が 20% 発生していたとしよう。母効果量が $\delta_s = 1$ であるのに対して，標本効果量 d'_s は以下のように計算できる。

```
m <- 100  # 群 A のサンプルサイズ
n <- 100  # 群 B のサンプルサイズ

library(DACF)
set.seed(123)
A <- DACF::induce.cfe(0.1, 0.2, rnorm(m, 2, 1)) # 床効果・天井効果を含む正規分布に従う乱数 A
B <- DACF::induce.cfe(0.1, 0.2, rnorm(n, 1, 1)) # 床効果・天井効果を含む正規分布に従う乱数 B

stat1 <- DACF::rec.mean.var(A) # 本来の A の平均・分散の推定値
stat2 <- DACF::rec.mean.var(B) # 本来の B の平均・分散の推定値

var_pooled <- ((m - 1) * stat1$est.var + (n - 1) * stat2$est.var) / (m + n - 2)  # 2 群に共通した分散の推定値
sd_pooled <- sqrt(var_pooled)  # 2 群に共通した標準偏差の推定値
ds <- (stat1$est.mean - stat2$est.mean) / sd_pooled # 標本効果量 d's
ds
```

```
[1] 1.356071
```

既存の関数を利用しても結果は一致する。

```
DACF::lw.t.test(A, B, method_type = "b")
```

```
$statistic
[1] 9.588868

$p.value
```

```
[1] 9.559417e-16

$est.d
[1] 1.356071

$conf.int
[1] 0.9786822 1.4894924
```

一方で，天井効果・床効果を考慮せずに標本効果量 d_s を計算すると，母効果量を適切に推測することができていない。

```
effectsize::cohens_d(A, B)
```

```
Cohen's d |       95% CI
------------------------
1.78      | [1.46, 2.11]

- Estimated using pooled SD.
```

7.5 正規分布を仮定しない効果量

ここまで，正規分布を仮定したモデルにおいて，モデルの仮定から少々逸脱した場合でも頑健な効果量について検討してきた。しかしながら，心理学・教育学分野で扱う現象には，そもそも正規分布に従わない現象も多く存在する。そこで，母集団分布に正規分布を仮定せず，集団間で傾向を比較する効果量について検討する。このような効果量は一般的に**ノンパラメトリック効果量**（nonparametric effect size）や**優勢効果量**（dominance effect size）と呼ばれる。正規分布を仮定しない効果量の例として，本節ではブルンナー・ムンツェル検定に対応した効果量を紹介する。

7.5.1 確率的優越度の推定量

いま，独立した 2 つの群の確率変数 A, B が何かしらの任意の分布に従っているとする。両者の観測値を 1 つずつ取り出して比較する時，A の方が大きくなる確率を $P(A > B)$，B の方が大きくなる確率を $P(A < B)$ と表記する。また，A と B が等しくなる確率を $P(A = B)$ と表記する。確率の性質上，$P(A > B) + P(A < B) + P(A = B) = 1$ となる。研究において私たちが知りたい効果は片方の群が他方の群よりも大きいかどうかであることから，母効果量 π を（7.31）式に示すように定義する。この効果量は一般的に**確率的優越度**（stochastic superiority statistic）と呼ばれる。群間で差が無い場合は $\pi = 0.5$ となるはずである。

$$\pi = P(A < B) + \frac{1}{2}P(A = B) \tag{7.31}$$

この母効果量 π を標本から推定することを考えよう。いま，群 A, B からそれぞれ n_A 個と n_B 個の標本を得たとする。n_A+$n_B = N$ 個の標本において，全体を通しての順位を R_{ik} と表記すると[2]，各群内での全体順位の平均 $\overline{R_{i.}}$ は以下のように求められる。ここで，i は群を表す添え字で A か B となり，k は各群における個人を表す添え字で 1 から n_a, n_b の範囲をとる。

$$\overline{R_{i.}} = \frac{1}{n_i}\sum_{k=1}^{n_i} R_{ik} \tag{7.32}$$

各群内での全体順位の平均 $\overline{R_{i.}}$ を用いて，母効果量 π の推定量 $\hat{\pi}$ は（7.33）式に示す通り定義されている（Brunner & Munzel, 2000, eq. 3.3）。これは，母効果量 π の一致推定量かつ不偏推定量である。

$$\hat{\pi} = \frac{1}{n_A}\left(\overline{R_{B.}} - \frac{n_B + 1}{2}\right) = \frac{\overline{R_{B.}} - \overline{R_{A.}}}{N} + \frac{1}{2} \tag{7.33}$$

例として，歪みのない 6 面体のサイコロ A と 12 面体のサイコロ B を 100 回ずつ振って，出目に差があるかを検討する。R を使用すると標本効果量 $\hat{\pi}$ は以下のように計算できる。

```
nA <- 100 # Aのサンプルサイズ
nB <- 100 # Bのサンプルサイズ
set.seed(123)
```

2　ただし，同順位が存在した場合は R_{ik} に順位の平均を用いる。例えば，$A = (1, 2), B = (2, 3)$ の場合，順位は $R_{A1} = 4, R_{A2} = 2.5, R_{B1} = 2.5, R_{B2} = 1$ となる。

```
A <- sample(6, nA, replace = TRUE)  # サイコロAの出目
B <- sample(12, nB, replace = TRUE) # サイコロBの出目
R <- rank(c(A, B), ties.method = "average") # 全体を通しての順位
M.RA <- mean(R[1:nA])               # 群Aの全体順位の平均
M.RB <- mean(R[(nA+1):(nA+nB)]) # 群Bの全体順位の平均
pai.hat <- (M.RB - M.RA)/(nA + nB) + 1/2 # 標本効果量
pai.hat
```

```
[1] 0.8177
```

既存の関数を利用しても結果は一致する。

```
library(lawstat)
lawstat::brunner.munzel.test(A, B)
```

```
Brunner-Munzel Test

data:  A and B
Brunner-Munzel Test Statistic = 10.707, df = 147.26, p-value <
2.2e-16
95 percent confidence interval:
 0.7590637 0.8763363
sample estimates:
P(X<Y)+.5*P(X=Y)
          0.8177
```

ただし，確率的優越度πの解釈には注意が必要となる。第3章で紹介した平均値差の文脈ではA～Cの3つの集団に関して，平均値の大きさがA＞BかつB＞CであればA＞Cとなる推移律が成立していた。しかしながら，確率的優越度はこのような推移律を満たさない。例えば，以下の3つのサイコロA～Cの出目の大きさの比較について考えてみよう。

A:{2, 2, 4, 4, 9, 9}

B:{1, 1, 6, 6, 8, 8}

C:{3, 3, 5, 5, 7, 7}

AがBより大きくなる確率，BがCより大きくなる確率，CがAより大きく

なる確率はすべて 20/36 ≈ 0.5556 となり，推移律が成立していない。確率的優越度は中心傾向ではなく順位の比較の指標であることに留意する必要がある。

7.5.2　確率的優越度の信頼区間

確率的優越度 π に対応する統計的帰無仮説検定としては**ブルンナー・ムンツェル検定**（Brunner-Munzel test）が知られており，以下に示す検定統計量 W が帰無仮説の下で自由度 df の t 分布に従うことを利用して，群間で差が無い（$\pi = 0.5$）という帰無仮説を棄却できるかどうかを判断する（Brunner & Munzel, 2000）[3]。

$$W = \frac{\sqrt{N}\left(\hat{\pi} - \frac{1}{2}\right)}{\hat{\sigma}} = \frac{n_A \cdot n_B \cdot \left(\hat{\pi} - \frac{1}{2}\right)}{\sqrt{n_A \cdot S_A^2 + n_B \cdot S_B^2}} \tag{7.34}$$

$$S_i^2 = \frac{1}{n_i - 1} \cdot \sum_{k=1}^{n_i} \left(R_{ik} - R_{ik}^{(i)} - \overline{R_{i.}} + \frac{n_i + 1}{2}\right)^2 \tag{7.35}$$

$$df = \frac{(n_A \cdot S_A^2 + n_B \cdot S_B^2)^2}{\frac{(n_A \cdot S_A^2)^2}{n_A - 1} + \frac{(n_B \cdot S_B^2)^2}{n_B - 1}} \tag{7.36}$$

また，確率的優越度 p の標本分布を t 分布で近似すれば，95% 信頼区間は以下のように構成できる。

$$\hat{\pi} - t_{0.025}(df) \cdot \sqrt{\frac{S_A^2}{\mathrm{n_A} \cdot n_B^2} + \frac{S_B^2}{n_A^2 \cdot n_B}} \leq \pi \leq \hat{\pi} + t_{0.025}(df) \cdot \sqrt{\frac{S_A^2}{\mathrm{n_A} \cdot n_B^2} + \frac{S_B^2}{n_A^2 \cdot n_B}} \tag{7.37}$$

R を利用すれば，以下のようにブルンナー・ムンツェル検定を実行できる。確率的優越度 π の信頼区間も示されている。

```
lawstat::brunner.munzel.test(A, B)
```

3　確率的優越度 π に対応する統計的帰無仮説検定は他にも Mann-Whitney の U 検定があるが，この検定が仮定している交換可能性は心理学・教育学分野では現実的ではない強い仮定であり，使用は推奨されない（Karch, 2021）。また，類似の効果量指標である Cliff の Δ（デルタ）との間には，$\Delta = 2\pi - 1$ という関係性が成り立つ。

```
Brunner-Munzel Test

data:  A and B
Brunner-Munzel Test Statistic = 10.707, df = 147.26, p-value <
2.2e-16
95 percent confidence interval:
 0.7590637 0.8763363
sample estimates:
P(X<Y)+.5*P(X=Y)
          0.8177
```

本章ではモデルの仮定からの逸脱に頑健な効果量をいくつか紹介したが，他にも様々な種類の頑健効果量が提案されている。詳細は，このテーマに関して包括的な議論を行っている Wilcox（2021）などを参照されたい。

第8章

効果量の解釈

本章では，研究から得られた効果量がどのような意味を持つのかを解釈する際に考慮すべき事項を紹介する。研究から母効果量の推定値を得たらそれで「効果」に関する議論が終了するわけではなく，研究者はその効果量が持つ意味について解釈を行う必要がある。解釈の際に考慮すべき点は多く提案されているが（Bakker et al., 2019; Kraft, 2020），それらは以下に示す4つの問いに集約することができる。4つの問いについて順に検討していこう。

1. その効果量はどのような研究から得られたのか
2. その効果量はどのくらいの大きさなのか
3. その効果量はどのくらいの価値を持つのか
4. その効果量はどのくらい確実なのか

8.1 その効果量はどのような研究から得られたのか

1つ目の問いは，「その効果量はどのような研究から得られたのか」である。同じ大きさの効果量であっても，研究デザインが変わればその解釈は変わってくる。例えば，群への割り付けがランダムに行われたランダム化比較試験と，既存の群を割り付けに使用した準実験研究では，効果量の持つ意味が変わってくる。後者の研究デザインの場合，群間で共変量が統制されていないため，得られた効果量をただちに実験条件の影響の程度と解釈するべきではない。その他にも，サンプルの選択，測定方法，実験群と統制群の差異といった研究デザインの様々な要素が効果量の解釈に影響する。各要素の影響について例を挙げながら説明していく。

8.1.1　サンプルの選択

心理学・教育学分野では集団によって介入効果が異なる場合がある。ある介入の効果が個人や集団によって異なる場合，母集団をどのように設定してサンプリングを行うかで，効果量とその解釈が変わってくる。例えば，成長マインドセットの介入は，成績の低い生徒において一貫してより効果的であることが示されている（Paunesku et al., 2015; Yeager et al., 2019）。これは，介入が成績の低い生徒により有効である可能性や，成績に伸びしろが残っていることが影響している可能性がある。成績の低い集団を選択することは，成績の変数の分散を小さくすることから，効果量の計算にも影響する。このような研究から得られた効果量は成績の低い生徒に関する特定の介入の効果を表しており，成績の低くない生徒まで一般化することはできない。

また，介入の単位が個人ではなく集団レベルであった場合，得られた効果量を個人に当てはめて解釈することは不適切である。例えば，教育の介入において，個人を単位とした介入研究と学校を単位とした介入研究では，同じ効果量指標を用いても異なる効果を検討していることになり，両者が一致するとは限らない。学校を単位とした場合，学校ごとに所属する生徒の成績が似通う傾向（級内相関）があることから，個人を単位とした場合よりも分散が小さくなり，効果量が大きくなる傾向がある。

さらに，実験群に割り付けられても介入に参加しない人がいた場合，介入の効果を見誤る可能性がある。例えば，Guryan et al.（2021）の研究によれば，数学の学力に対する個人指導の効果量は 0.125 と推測されたが，個人指導を受けるように無作為に割り当てられた生徒のうち，実際に個人指導に参加した生徒は 41% であった。この個人指導に参加した生徒のみのデータを使用した場合の効果量は 0.230 であった。前者の効果量は個人指導を呼びかけた場合の全体の平均的な成績変化を表しており，後者の効果量は実際に個人指導を受けた場合の平均的な成績変化を表している。

以上のように，どのようなサンプルが選択されたかの情報は効果量の解釈に大きく影響する。サンプルの特性を無視して効果量を過度に一般化することは誤った解釈につながる。

8.1.2　測定の方法・時期・信頼性

測定の方法・時期・信頼性もまた効果量の解釈に影響する。測定の方法が介入の内容に近く，介入が完了した直後に実施され，より正確に測定された場合，効果量は大きくなる可能性が高い（Ruiz-Primo et al., 2002）。例えば，教師への研修は，生徒の学力（$d_s = 0.178$）よりも教師の指導実践（$d_s = 0.488$）に対してより大きな効果をもたらし（Kraft et al., 2018），社会性と情動の学習（social and emotional learning）プログラムは，生徒の学力（$\hat{\delta} = 0.27$）よりも生徒の社会的・情動的スキル（$\hat{\delta} = 0.57$）により大きな効果があった(Durlak et al., 2011)。これらの事例は，介入の内容と近い特性は変化が生じやすいことを示している。教育の分野では，学習内容と文脈が近い評価課題を近転移課題，文脈が遠い評価課題を遠転移課題と呼び，後者の方が難易度が高いとされている。例え同じ特性を測定していたとしても，課題の文脈によって効果量は大きく変化する可能性がある。

また，測定に使用する尺度の信頼性や測定不変性も効果量に影響する。測定の信頼性が低い場合には効果量が低く見積もられる希薄化が生じることはすでに3.5節や5.1.6項で述べてきた。同様に測定不変性も効果量の解釈に影響する。測定不変性とは，ある測定が特定の集団や他の変数によらず同等に機能する程度のことを指す（Gunn et al., 2020）。測定不変性が担保されることで，測定間で数値を比較することが正当化される。例えば，うつ病の測定値が性別間で比較できるのは，その尺度が性別間で不変であるからである（Whisman et al., 2013）。反対に，大学間でGPA（grade point average）が比較できないのは，測定不変性が担保されていないためである。測定不変性が担保されていなければ，効果量を算出することができても，その意味を解釈することは難しい。

8.1.3 実験群と統制群の差異

群間比較のデザインの場合，効果量は実験群における介入の効果を表すのではなく，統制群と比較した場合の効果の差を表す。よって，効果量を解釈する際には統制群の特徴にも注意を払う必要がある。例えば，1962 年から 1972 年にかけて実施された Perry Preschool Project では，未就学児を 2 つの群に無作為に割り当て，実験群は質の高い就学前教育プログラムに参加し，統制群は就学前教育を受けなかった。その後の追跡調査の結果，幼児期に就学前教育プログラムに参加した 40 歳時点の成人は，収入が高く，職に就いている可能性が高く，犯罪が少なく，高校を卒業している可能性が高いことが明らかになった。ここで重要なのは，統制群の幼児は家庭で保護者に世話をしてもらっていたという点である（Heckman et al., 2010）。その後，2002 年から 2006 年にかけて類似の研究デザインで実施された Head Start Impact Study では，統制群の幼児のほとんどが支援施設からのケアを受けていたため，実験群と統制群の教育経験の差が小さくなっていた（Puma et al., 2010）。その結果，Perry Preschool Project よりも効果量が小さくなった（Kline & Walters, 2016）。このことは質の高い就学前教育プログラムの効果が減少したことを直ちに意味するのではない。効果量を解釈する際には実験群と統制群の特徴を考慮する必要がある。

8.2 その効果量はどのくらいの大きさなのか

2 つ目の問いは，「その効果量はどのくらいの大きさなのか」である。研究から得られた効果量の推定値はあくまでも数値であり，それらが大きいのか小さいのかを研究の文脈に応じて適切に解釈する必要がある。解釈の主なアプローチとしては以下の 4 つがある。

1. より解釈しやすい別指標への変換
2. Cohen の基準（一般的なベンチマーク）
3. 分野ごとに細分化された基準（分野固有のベンチマーク）
4. メタ分析の参照

8.2.1　別指標への変換

1つ目のアプローチは，効果量をより解釈しやすい別の指標に変換して解釈する方法である。効果量よりも解釈しやすい別指標として，①優越率，②Cohen の U3，③被覆度などの確率的な指標が提案されている。

優越率（probability of superiority）とは，一方の群の観測値が他方の群の観測値を上回る確率である（南風原，2014; 南風原・芝，1987）。別の表現をすれば，両群から1個体をランダムサンプリングして比較した場合に，実験群の個体の観測値が統制群を上回る確率である。この指標は**共通言語効果量**（common language effect size）とも呼ばれる（McGraw & Wong, 1992）。2つの集団の観測値が等分散の正規分布に独立に従う場合，優越率は（8.1）式で求められる。ここで，z は標準正規分布の確率点を指す。

$$\pi_d = P\left(z < \frac{\delta_s}{\sqrt{2}}\right) \tag{8.1}$$

例えば，$\delta_s = 1$ の場合，標準正規分布において $z < \frac{1}{\sqrt{2}} = 0.707$ 以下となる確率なので $\pi_d = 0.76$ である。これは，標準化平均値差が $\delta_s = 1$ の場合，実験群が統制群を上回る確率が 76% であることを意味している。このような指標は確率的に表現されるため，標準化平均値差の効果量を知らない人にとっても理解が容易である。

Cohen の U3（Cohen's U3）とは，モデルにおいて第1グループ（実験群）の平均値より小さい第2グループ（統制群）の割合である（Cohen, 1988）。以下の図 8-1 で示す通り，標準化平均値差が $\delta_s = 0.8$ の場合，実験群（淡灰色）の平均を下回る統制群（濃灰色）の割合は 78.8% である。Cohen's U3 は，統制群の中でどれくらいの割合が実験群の平均に満たない状況にあるのかを理解する上で有用な指標である。

被覆度（Overlap）は2つの分布の重なる部分の面積であり，図 8-1 の黒色で表される部分である。被覆度が大きいほど2群間の差は小さく，$\delta_s = 0$ のときに被覆度は 100% になる。

ただし，これらの3つの指標は等分散の正規分布を仮定していることに注意が必要である。等分散の正規分布から外れる場合の解釈については Hedges

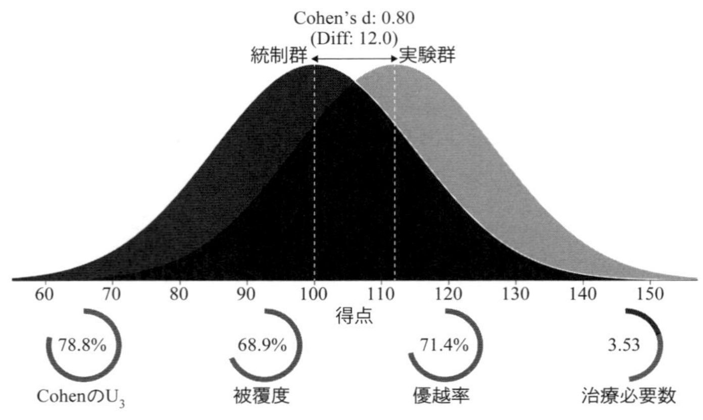

図 8-1　モデルにおける 2 つの分布の重なり

(2024) を参照されたい。

以下のサイトで 3 つの指標の関係を視覚的に確認することができる（https://rpsychologist.com/cohend/)。また，R を用いて以下のように 3 つの指標の推定値を計算できる。

```
set.seed(123)
A <- rnorm(100, 60, 10)
B <- rnorm(100, 50, 10)
library(effectsize)
effectsize::cohens_d(A, B)

effectsize::p_superiority(A, B) # 優越率
effectsize::cohens_u3(A, B)      # Cohen's U3
effectsize::p_overlap(A, B)      # 被覆度
```

```
Cohen's d |       95% CI
------------------------
1.27      | [0.97, 1.58]

- Estimated using pooled SD.

> effectsize::p_superiority(A, B) # 優越率
Pr(superiority) |       95% CI
```

```
------------------------------
0.82            | [0.75, 0.87]
> effectsize::cohens_u3(A, B) # Cohen's U3
Cohen's U3 |        95% CI
-------------------------
0.90       | [0.83, 0.94]
> effectsize::p_overlap(A, B) # 被覆度
Overlap |        95% CI
----------------------
0.52    | [0.43, 0.63]
```

効果量の持つ意味を明確にするためのその他の変換としては，各分野で共通理解の得られる一般的な指標に変換する方法がある。例えば，教育分野では教育介入の効果を学習の月数に換算することがあり，数学の学力に対する無料朝食プログラムの効果は，約1.6か月分の学習に相当する効果となる（Bloom et al., 2008; Frisvold, 2015）。このような変換は，各分野における効果の大きさを解釈する際の助けとなる。

8.2.2　Cohenの基準

効果量の大きさを解釈する2つ目のアプローチは，効果量解釈の目安を示した一般的なベンチマークを参照する方法である。もっとも有名なベンチマークとしてはCohenによって提案された基準がある。Cohen（1988）は，標準化効果量を解釈する際の目安となる基準を「小（small）」「中（medium）」「大（large）」の3段階で示している。例えば，標準化平均値差 d については[1]，表8-1のような目安を提案している（Cohen, 1988, pp. 25–27）。

Cohenの基準は行動科学分野の研究を通してこれまでに得られた効果量を参考にして作成された経験則であり，全ての分野において適応することを意図していたものではなかった。Cohenは，各分野で効果量を解釈するための参照基準がない場合のみ，この基準を参照するという使用法を想定していた（Cohen, 1988, p. 25）。しかしながら，本人の意図に反して，Cohenの基準は各分野での

1　本章では標準化平均値差に関する効果量をまとめて d と記載しているが，このベンチマークは標本効果量と母効果量の両方に適用される。Cohenの基準以外についても同様である。

表 8-1　Cohen の基準

d	判定
$d = 0.2$	Small
$d = 0.5$	Medium
$d = 0.8$	Large

適応可能性が十分に吟味されることなく，機械的に使用されることが常態化していった。Lenth（2001）はこの使い方を「定型化効果量（“Canned” Effect Sizes）」と呼んで批判している。研究デザインを考慮せずにベンチマークを機械的に当てはめることには多くの批判があり（e.g., Correll et al., 2020; Cummings, 2011; Kraft, 2020），何よりも Cohen 自身がそのような使用法の問題点を認識していた（Cohen, 1988, p. 25）。

Cohen の基準に基づいて効果量の大きさがいったん判定されるとそれ以上の追加の解釈は行われず，効果量の持つ現実的な意味が見失われてしまう。仮に効果量の大きさが小さかったとしても，その発見は現実的に大きな意味を持つものかもしれない（Anvari et al., 2023; Carey et al., 2023）。例えば，産業分野では小さな効果量であっても，その生産工程の改善が大きな利益につながる可能性がある。疫学の分野では，小さな効果量であっても，多くの命を救うことに貢献する可能性がある。効果量が小さかったとしても，その介入を実施するコストが小さければ，それは実施する価値があるだろう。

また，現実的な意味が見いだしにくい基礎研究においても，効果量が小さいことが当たり前の分野においては，Cohen の基準で「中程度（Medium）」とされる効果量が大きな効果を持つものとして受け入れられるだろう。このように，その分野では大きいとみなされる効果であるにも関わらず，効果量の大きさそのものだけに着目することで小さいと判断されてしまう現象を Sawilowsky（2005）はアベルソンのパラドックス（Abelson's paradox）と呼んでいる。分野ごとの効果量分布を無視して，Cohen の基準を常に当てはめることは効果量の持つ意味を分かりにくくする。

もし，Cohen の基準が多くの分野の実際の効果量分布と適合しているのであれば問題はないかもしれないが，実際には適合していないことが多い。例えば，学力向上を目的とした教育介入のランダム化比較試験をレビューしたLortie-Forgues & Inglis（2019）は，効果量の分布が全体的にCohenの基準よりも大きいことを指摘している。ソフトウェア工学分野の92の実験をレビューしたKampenes et al.（2007）は，効果量の分布が全体的にCohenの基準よりも大きいことを指摘している。このように分野における効果量分布がCohenの基準と適合していないのであれば，やはりCohenの基準の使用を正当化する理由はないだろう。

研究者は，得られた効果量を現実的な文脈や研究分野ごとの文脈に位置づけることでその実質的な意味を解釈すべきであり，Cohenの基準のようなベンチマークを機械的に当てはめて解釈を放棄することは望ましくない。しかしながら，Cohenの基準は今なお多くの研究で使い続けられている。そして，Cohenの基準を批判する研究者も，その後，Cohenの基準に代わるさらなるベンチマークを開発していくことになる。

8.2.3　分野ごとに細分化された基準

効果量の大きさを解釈する3つ目のアプローチは，研究分野ごとに細分化された新しいベンチマークを参照する方法である。Cohenの基準への批判は，Cohenの基準に代わる新しいベンチマークを生み出すことにつながった。新しいベンチマークの修正の方向性は主に2点にまとめられる。1点目は，Cohenの基準の段階をより細かくすることである。2点目は，分野を限定し，過去の知見から経験的に段階を設定することである。

Sawilowsky（2009）は，近年のメタ分析によって得られた効果量の値が大きくなっていることを根拠に，Cohenの基準を表8-2のようにプラスの方向に拡張することを提案している。これは，従来のCohenの基準で大きいとみなされていた効果量をさらに細かく段階分けするという修正である。

Gignac & Szodorai（2016）は，心理的な構成概念や行動の相関に関する708件のメタ分析を収集した結果，この分野の効果量分布はCohenの基準よりもより小さいものであることを明らかにした。そして，相関係数rの判断基準を表

表 8-2　Sawilowsky の基準

d	判定	d	判定
$d < 0.1$	Tiny	$0.8 \leq d < 1.2$	Large
$0.1 \leq d < 0.2$	Very small	$1.2 \leq d < 2$	Very large
$0.2 \leq d < 0.5$	Small	$2 \leq d$	Huge
$0.5 \leq d < 0.8$	Medium	—	—

表 8-3　Gignac & Szodorai の基準

判定	Cohen（1988）	Gignac & Szodorai（2016）
Very small	$r < 0.1$	$r < 0.1$
Small	$0.1 \leq r < 0.3$	$0.1 \leq r < 0.2$
Moderate	$0.3 \leq r < 0.5$	$0.1 \leq r < 0.3$
Large	$0.5 \leq r$	$0.3 \leq r$

8-3 のように修正することを提案した。これは，分野の実態に合わせて効果量分布をマイナス方向へシフトさせるという修正である。

その他にも，心理学（Funder & Ozer, 2019）や社会心理学（Lovakov & Agadullina, 2021）といった分野特有の基準が提案されてきた。また，老年学（Brydges, 2019）や教育介入（Kraft, 2020）といったより細かな分野ごとの基準も提案されている（表 8-4）。

表 8-4　分野特有の基準

判定	Funder & Ozer（2019）	Lovakov & Agadullina（2021）	Kraft（2020）
Tiny	$r < 0.05$	—	—
Very small	$0.05 \leq r < 0.1$	$r < 0.12$	—
Small	$0.1 \leq r < 0.2$	$0.12 \leq r < 0.24$	$r < 0.05$
Medium	$0.2 \leq r < 0.3$	$0.24 \leq r < 0.41$	$0.05 \leq r < 0.20$
Large	$0.3 \leq r < 0.4$	$0.41 \leq r$	$0.20 \leq r$
Very large	$0.4 \leq r$	—	—

しかし，分野ごとの経験データから効果量の判断基準が作成されたからといって，それらが適切とは限らない（Panzarella et al., 2021）。第一に，各分野の中でも研究テーマや研究デザインごとに効果量分布が大きく異なる可能性がある（Savelsbergh et al., 2016）。第二に，収集された経験データにバイアスがかかっている可能性がある。例えば，Schäfer & Schwarz（2019）は心理学分野の研究からランダムに収集した効果量の分布が事前登録の有無によって異なることを指摘している。これは，事前登録を行わなかった場合，効果の小さかった研究が出版されずにお蔵入りしている実態を示唆している。このように，判断基準の作成に使用されたデータが真の効果量分布を捉えていなければ，そこから作成された判断基準も誤ったものになる。

Rを使えば，各基準に基づいた効果量の大きさの判断を出力できる。ただし，ここまでの議論の内容を踏まえて適切に使用する必要がある。

```
# 平均値差のデータ
set.seed(123)
A <- rnorm(100,55,10)
B <- rnorm(100,50,10)

# Cohen's d_s
d <- effectsize::cohens_d(A, B)

# Cohen (1988) の基準
interpret_cohens_d(d, rules = "cohen1988")

# Sawilowsky (2009) の基準
interpret_cohens_d(d, rules = "sawilowsky2009")

# Gignac & Szodorai (2016) の基準
interpret_cohens_d(d$Cohens_d, rules = "gignac2016")

# Lovakov & Agadullina (2021) の基準
interpret_cohens_d(d, rules = "lovakov2021")
```

```
## Cohen's d |         95% CI | Interpretation
## ------------------------------------------
## 0.74      | [0.45, 1.03] |          medium
##
```

```
## - Estimated using pooled SD.
## - Interpretation rule: cohen1988

## Cohen's d |       95% CI | Interpretation
## -----------------------------------------
## 0.74      | [0.45, 1.03] |         medium
##
## - Estimated using pooled SD.
## - Interpretation rule: sawilowsky2009

## Cohen's d |       95% CI | Interpretation
## -----------------------------------------
## 0.74      | [0.45, 1.03] |          large
##
## - Estimated using pooled SD.
## - Interpretation rule: lovakov2021
```

8.2.4 メタ分析の参照

効果量の大きさを解釈する4つ目のアプローチは，関連する先行研究の効果量を統合したメタ分析（meta-analysis）の結果を参照する方法である。メタ分析とは，関連する複数の研究の効果量を量的に統合する方法である。メタ分析によって得られた研究テーマごとの効果量分布を参照することで，研究から得られた効果量の大きさの位置づけをより適切に解釈することができる。例えば，科学教育における概念変容のための介入に関するメタ分析では，平均効果量が $\hat{\delta} = 0.93$ (95%CI[0.68, 1.07]) と推定されている（Pacaci et al., 2023）。新たな介入研究を実践して効果量を算出した際には，このようなメタ分析から得られた効果量分布の情報をもとに相対的な位置づけを解釈することができる。しかしながら，メタ分析も出版バイアスや問題のある研究実践（QRPs）の影響によって，効果量の分布を正しくとらえられているとは限らない。メタ分析の方法や課題については第9章にて解説する。

8.3　その効果量はどのくらいの価値を持つのか

3つ目の問いは,「その効果量はどのくらいの価値を持つのか」である。研究から得られた効果量は現実世界の実際の適用場面においても同様の効果を発揮するとは限らない。例えば，研究室において行われた心理実験の効果が，実際の適用場面においても同様の効果を持つとは限らない。よって，研究内での効果と適用場面での効果は分けて解釈する必要がある（Anvari et al., 2023)。

研究内での効果と適用場面での効果に差が生じるメカニズムは多様である。一例として，研究室実験で高い効果を示した教育介入を教育政策として導入することを考えてみよう。その教育介入が限られた集団にしか効果が無い場合，教育者に高いスキルや長時間の研修を必要とする場合，一般市民や教師からの強い反対が想定される場合などは教育政策として大規模化しても同様の高い効果を得られない可能性がある。このように，適用場面に一般化しても同様の効果が発揮されるかを慎重に検討する必要がある。

また，実際の適用場面において効果が発揮されるとしても，ある効果の大きさを得るために必要なコストを考慮する必要がある。例えば，学習障害（learning disability）の生徒に対する読書指導の介入は $d_s = 0.83$ であり，その他の介入に比べて決して高いわけではない。しかし，コストが小さい介入であるため，実施しなかった場合の学校外での有料の補習指導が減ることを考慮すると，一人当たり年間236ドルの平均費用削減効果がある（Onwuegbuzie et al., 2003)。反対に，適用場面での効果が大きかったとしても，コストに見合ったものではない場合もある。よって，研究から得られた効果量が実際の適用場面においてどれだけの価値を持つのかは，実用的重要性や一般化可能性，費用対効果などの観点から多角的に検討する必要がある。

8.4　その効果量はどのくらい確実なのか

4つ目の問いは,「その効果量はどのくらいの確実なのか」である。研究から得られた標本効果量は母効果量の推定値であり，標本変動による不確実性が伴う。そこで，点推定値のみを解釈するのではなく，標準誤差や信頼区間と言った不確実性の指標を併せて解釈する必要がある。信頼区間が広い研究は，不確実性が高いと判断されるため，自信をもって効果を主張することが難しくなる。また，各効果量のモデルの仮定から逸脱する可能性がある場合は，頑健な推定量を用いるとともに，不確実性をより適切に解釈することが求められる。モデルの仮定からの逸脱が効果量の推測にどのような影響を与えるかをシミュレーションによって検討することも有効な手立ての1つである。

ここまで，効果量が持つ意味について解釈を行う際に考慮するべき4つの問いを紹介してきたが，効果量の解釈はほとんど行われていないのが現状である（McMillan & Foley, 2011）。研究によっては，特定のスタンダードに照らして研究から得られた効果量に「大きい」「小さい」といった判定を付けることで効果量の解釈を終了しているが，これは望ましくない。効果量の解釈とは，研究から得られた効果量が持つ意味を多角的に検討し価値づける作業であって，特定のスタンダードを当てはめる機械的な作業ではない。効果量の解釈には統計の知識のみならず，各分野の専門知識が必要であり，非常に困難を伴う作業である。

第9章

効果量の統合（メタ分析）

本章では，効果量を統合する手法であるメタ分析について紹介する。心理学・教育学分野の研究では，サンプルサイズの制約から1回の研究で精度の高い（信頼区間の狭い）効果量の推定値を得ることが難しい場合が多い。そこで，同一の研究テーマに関する複数の効果量を量的に統合し，より精度の高い推定値を得る。このようなアプローチを**メタ分析**（meta-analysis）と呼ぶ。複数の研究の標本効果量を統合することで，個別の研究の標本効果量よりもより良い推定値を得ることが期待できる。また，研究間で標本効果量に分散があるのかや，その分散は何によって生じているかを検討することもできる。本章ではメタ分析の手法に着目し，9.1節では効果量の統合方法，9.2節ではメタ分析の問題点について検討する。

9.1 効果量の統合方法

効果量を統合する数理モデルには，**固定効果モデル**（fixed effect model; common effect model）と**変量効果モデル**（random effect model）の2つがある。固定効果モデルとは，全ての効果量が単一の均質な研究条件から生じていると仮定するモデルである。変量効果モデルとは，各研究条件における真の効果量分布と，研究テーマ全体の真の効果量分布の両方を仮定するモデルである。それぞれのモデルについて順に解説する。

9.1.1 固定効果モデル

固定効果モデルにおいては，ある研究で観察された標本効果量がその研究テーマにおける真の効果量（母効果量）から外れる唯一の原因は誤差であると考える。特定の種類によらない効果量全般の統合について議論するため，ある連続量に関する母効果量を θ，ある研究 k で観察された標本効果量を $\widehat{\theta_k}$，誤差を ε_k とすると，これらの関係は（9.1）式のように表せる。

$$\widehat{\theta_k} = \theta + \epsilon_k \tag{9.1}$$

研究から得られた標本効果量 $\widehat{\theta_k}$ を統合する際，それらを平均するだけでは母効果量 θ の良い推定量にはならない。研究によって標準誤差の大きさには違いがあるため，この点を考慮して統合を行う必要がある。標準誤差が小さい研究は，標準誤差が大きい研究よりも，母効果量のより良い推定値となっていることが期待されるため，統合の際の重みを大きくする。反対に，標準誤差が大きい研究は不確実性も高いため，統合の際の重みを小さくする。このような重み付けを達成するためには，（9.2）式に示す標準誤差の逆数を重み（weight）として用いて統合を行えばよい。この方法を**逆分散重み付け法**（inverse-variance weighting method）と呼ぶ。ここで，$\hat{V}(\widehat{\theta_k})$ はある研究 k で観察された標本効果量 $\widehat{\theta_k}$ の誤差分散である。（9.3）式であらわされる $\hat{\theta}$ こそが，標本効果量を統合した平均効果量であり，その研究テーマに関する母効果量の推定値である。

$$w_k = \frac{1}{\hat{V}\left(\widehat{\theta_k}\right)} \tag{9.2}$$

$$\hat{\theta} = \frac{\sum_{k=1}^{K} \widehat{\theta_k} \cdot w_k}{\sum_{k=1}^{K} w_k} \tag{9.3}$$

例として，母効果量 $\delta_s = 1$ の研究を 30 回行って，30 個の標本効果量 d_s を得たとする。それぞれに誤差分散と重みを計算すると以下のようになる。

```
set.seed(123) # 乱数の種の固定
k <- 30 # 研究の数

# 空のデータセット
```

```
dat <- data.frame(
  studlab = 1:k,
  n.e = NA_real_, mean.e = NA_real_, sd.e = NA_real_,
  n.c = NA_real_, mean.c = NA_real_, sd.c = NA_real_,
  ds = NA_real_, V =  NA_real_,
  weight = NA_real_
)

# 効果量の生成
for (i in 1:k) {
  n <- sample(20:100, 1, replace = TRUE) # 各研究のサンプルサイズ
(n=20~100 で変動)
  experiment <- rnorm(n, 1, 1) # 実験群のデータ
  control <- rnorm(n, rnorm(1, 0, 0.2), 1)   # 統制群のデータ
  dat$n.e[i] <- n   # 実験群のサンプルサイズ
  dat$mean.e[i] <- mean(experiment) # 実験群の標本平均
  dat$sd.e[i] <- sd(experiment)  # 実験群の標準偏差
  dat$n.c[i] <- n  # 統制群のサンプルサイズ
  dat$mean.c[i] <- mean(control) # 統制群の標本平均
  dat$sd.c[i] <- sd(control) # 統制群の標準偏差

  sd.pooled <- effectsize::sd_pooled(experiment, control) # 2群を
プールした標準偏差
  dat$ds[i] <- (mean(experiment) - mean(control)) / sd.pooled # 標本効果量 ds
  df <- n * 2 - 2  # 自由度
  J <- gamma(df / 2) / (sqrt(df / 2) * gamma((df - 1) / 2)) # 補正係数 J
  dat$V[i] <- ((n * 2 - 2) / (n * 2 - 4)) * ((n * 2) / (n ^ 2) +
dat$ds[i] ^ 2) - dat$ds[i] ^ 2 / J ^ 2 # 誤差分散
  dat$weight[i] <- 1 / dat$V[i]  # 重み
}
```

得られた標準化平均値差（SMD）と重み（Weight）は図 9-1 の通りである。

母効果量は未知のため，得られた標本効果量を固定効果モデルによって統合することで母効果量を推測する。研究によってサンプルサイズが異なることから，誤差分散（標準誤差）も異なると考えられるため，誤差分散の逆数で重み付けて統合する。

```
# 逆分散重み付け法による推定値
sum(dat$ds * dat$weight) / sum(dat$weight)
```

```
[1] 0.9400022
```

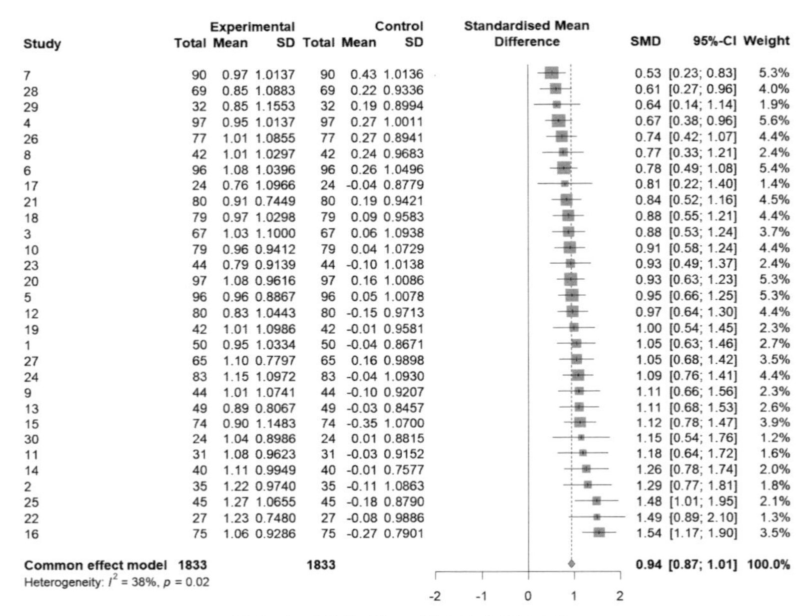

図 9-1　研究ごとの標本効果量と重み

結果より，平均効果量は $\hat{\theta} = 0.940$ であることが読み取れる。既存の関数を利用しても同様の結果が得られる。

```
# 既存の関数を使用した場合
library(meta)
res.fixed <- meta::metacont(n.e = n.e,  # 実験群のサンプルサイズ
                    mean.e = mean.e,  # 実験群の標本平均
                    sd.e = sd.e,      # 実験群の標準偏差
                    n.c = n.c,        # 統制群のサンプルサイズ
                    mean.c = mean.c,  # 統制群の標本平均
                    sd.c = sd.c,      # 統制群の標準偏差
                    studlab = studlab,# 研究番号のラベル
                    data = dat,       # データセット
                    sm = "SMD",       # 平均値差の種類
                    method.smd = "Cohen", # 効果量の種類
                    common = TRUE,    # 固定効果モデルの推定
                    random = FALSE,   # 変量効果モデルの推定
                    method.tau = "REML", # 推定法の指定（制限付き最尤法）
```

```
                    title = "標準化平均値差のメタ分析")
summary(res.fixed)
```

```
Review:      標準化平均値差のメタ分析

       SMD            95%-CI %W(common)
1  1.0459 [0.6274; 1.4644]        2.7
2  1.2892 [0.7729; 1.8056]        1.8
3  0.8849 [0.5298; 1.2399]        3.7
<中略>
30 1.1505 [0.5375; 1.7634]        1.2

Number of studies: k = 30
Number of observations: o = 3666

                           SMD            95%-CI     z  p-value
Common effect model 0.9408 [0.8723; 1.0094] 26.91 < 0.0001
```

出力結果を見ると，最初に各研究の標準化平均値差（SMD）の標本効果量と95% 信頼区間（95%CI），重み（W）が出力されている。そして，平均効果量が $\hat{\theta} = 0.9408$ (95%CI[0.8723, 1.0094]) であることが示されている。

9.1.2　変量効果モデル

変量効果モデルにおいては，ある研究テーマの中で研究ごとの条件の多様性を考慮する。図 9-2 に示す通り，ある研究において観測された標本効果量は，その研究条件の効果量分布から得られた 1 つの値である。研究条件ごとの母効果量もまた上位の分布に従うと考えられる。

変量効果モデルを数式で表現してみよう。各研究の効果量 $\hat{\theta}_k$ は，その研究の条件における真の効果量 θ_k と誤差 ε_k に分解できる。

$$\hat{\theta}_k = \theta_k + \epsilon_k \tag{9.4}$$

また，各研究条件における真の効果量 θ_k も，研究テーマ全体の真の効果量 μ と誤差 ζ_k に分解できる。

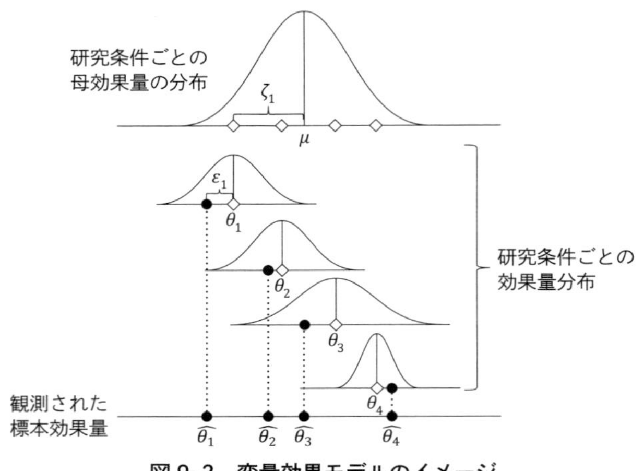

図 9-2　変量効果モデルのイメージ

$$\theta_k = \mu + \zeta_k \tag{9.5}$$

（9.4）式に（9.5）式を代入すると以下のように整理できる。

$$\hat{\theta}_k = \mu + \zeta_k + \epsilon_k \tag{9.6}$$

研究テーマ全体の真の効果量分布の母平均を μ，母分散を τ^2 とすると，変量効果モデルの重みと平均効果量 $\hat{\mu}$ は以下のように計算できる。

$$w_k^* = \frac{1}{\hat{V}\left(\widehat{\theta_k}\right) + \tau^2} \tag{9.7}$$

$$\hat{\mu} = \frac{\sum_{k=1}^{K} \hat{\theta}_k w_k^*}{\sum_{k=1}^{K} w_k^*} \tag{9.8}$$

真の効果量分布の母分散 τ^2 は未知であるため，得られた標本から推定する必要がある。推定方法にはいくつかの方法があるが（Harrer et al., 2021）[1]，一般的には**制限付き最尤法**（restricted maximum likelihood estimation: REML）がよく用いられる。前項と同じデータに対して，変量効果モデルに基づく推定を実行してみよう。

```
library(meta)
res.random <- meta::metacont(n.e = n.e,  # 実験群のサンプルサイズ
                        mean.e = mean.e,  # 実験群の標本平均
                        sd.e = sd.e,      # 実験群の標準偏差
                        n.c = n.c,        # 統制群のサンプルサイズ
                        mean.c = mean.c,  # 統制群の標本平均
                        sd.c = sd.c,      # 統制群の標準偏差
                        studlab = studlab,# 研究番号のラベル
                        data = dat,       # データセット
                        sm = "SMD",       # 平均値差の種類
                        method.smd = "Cohen", # 効果量の種類
                        common = FALSE,     # 固定効果モデルの推定
                        random = TRUE,    # 変量効果モデルの推定
                        method.tau = "REML", # 推定法の指定（制限付き
最尤法）
                        title = " 標準化平均値差のメタ分析 ")
summary(res.random)
```

```
Review:      標準化平均値差のメタ分析

      SMD            95%-CI %W(random)
1  1.0459 [0.6274; 1.4644]        3.0
2  1.2892 [0.7729; 1.8056]        2.2
3  0.8849 [0.5298; 1.2399]        3.7
＜中略＞
30 1.1505 [0.5375; 1.7634]        1.7

Number of studies: k = 30
Number of observations: o = 3666

                        SMD            95%-CI     z  p-value
Random effects model 0.9589 [0.8699; 1.0479] 21.12 < 0.0001

Quantifying heterogeneity:
 tau^2 = 0.0226 [0.0005; 0.0725]; tau = 0.1503 [0.0229; 0.2693]
 I^2 = 37.5% [2.8%; 59.8%]; H = 1.26 [1.01; 1.58]
```

1　Harrer et al.（2021）によると，推定方法の使い分けは次の通りである。連続変数の効果量については制限付き最尤法（Viechtbauer, 2005）の使用が推奨される。2 値変数の効果量については，研究間でサンプルサイズに極端なばらつきが無ければ Paule-Mandel の方法（Paule & Mandel, 1982）や経験ベイズ法（Sidik & Jonkman, 2019）が推奨される。効果量の不均一性が非常に大きく，偽陽性を避けることの優先度が高い場合は Sidik-Jonkman の方法（Sidik & Jonkman, 2005）が推奨される。R 以外のソフトウェアでの分析の再現性を優先する場合は DerSimonian-Laird の方法（DerSimonian & Laird, 1986）が推奨される。

出力結果を見ると，固定効果モデルと同様に各研究の標準化平均値差（SMD）の標本効果量や重み（W）が出力されているが，重みの値は固定効果モデルと異なっている。平均効果量は $\hat{\mu} = 0.9589$ (95%CI[0.8699, 1.0479]) と推定されている。真の効果量分布の分散の推定値は $\widehat{\tau^2} = 0.0226$ となっており，これは研究条件ごとの母効果量にばらつきが存在したことを示唆している。研究条件ごとの母効果量のばらつきの程度を**研究間異質性**（between-study heterogeneity）と呼び，その大きさは I^2 といった指標で表現される（Higgins & Thompson, 2002）。今回のメタ分析における研究間異質性は $I^2 = 37.5\%$ であり，標本効果量の変動の 37.5% が研究間異質性に起因していると解釈できる。

本節ではメタ分析に関する基礎的な知識のみを紹介した。メタ分析には他にも，効果量の研究間異質性を説明する要因を検討する分析手法や，より高度な統合のモデルが存在する。詳しい解説については，Harrer et al.（2021）などを参照されたい。

9.2 メタ分析の落とし穴

メタ分析は同一の研究テーマに関する複数の効果量を量的に統合することで，より精度の高い母効果量の推定値や効果量の分散に関する情報を得ることができる点で有用である。しかしながら，いくつかの問題に起因して効果量分布を正しく捉えることができない場合もある。例えば，ある研究が出版される確率がその結果に影響されるという**出版バイアス**はメタ分析の結果に影響する。一般的に効果量が低い研究は効果量が高い研究に比べて論文誌に掲載される確率が低いため，論文誌のみから効果量を収集すると，効果量の分布を実態よりも高く見積もることにつながる。また，出版バイアスの他にも，否定的な結果は引用数が少なく見つけにくくなるという**引用バイアス**（citation bias）や，肯定的な結果は複数の論文で繰り返し報告されるという**多重投稿バイアス**（multiple publication bias），非英語圏の結果が収集されない**言語バイアス**（language bias）など，様々な要因が効果量の収集にバイアスをもたらす（Page et al., 2021）。

この問題に対処するためには，いわゆる**灰色文献**（grey literature）と呼ばれるような学位論文や紀要論文といった幅広い文献から効果量を収集することが考えられる。また，効果量収集のバイアスに起因して標本効果量の分布が不自然に歪んでいる場合，その歪みを補正する方法なども提案されている。

しかしながら，**問題のある研究実践**（QRPs）によって個々の研究の効果量が実際よりも高く見積もられている場合，効果量収集のバイアスに対処しても効果量分布を正しく捉えることができなくなる。QRPs の例としては，多くの変数や標本を測定し，効果の大きかった変数や標本のみを選択的に報告する **Cherry Picking** と呼ばれる方法がある。実際に，出版バイアスや QRPs が効果量分布の推定を歪めるという経験的証拠が示されている（Friese & Frankenbach, 2020）。例えば，Schäfer & Schwarz（2019）は心理学分野の研究からランダムに収集した効果量の分布が事前登録の有無によって異なることを指摘している。これは，事前登録を行わなかった場合，効果の小さかった研究が出版されずにお蔵入りしている実態を示唆している。また，事前登録によって，Cherry Picking といった QRPs が防止されている可能性を示唆している。よって，事前登録の無い研究を収集してメタ分析を行う際には，このような可能性に留意しながら，メタ分析の結果を慎重に解釈する必要があるだろう。

第10章 検定力分析とサンプルサイズ設計

本章では，検定力分析によるサンプルサイズ設計の方法を紹介する。母効果量の推定の観点からは，サンプルサイズが大きくなると効果量の不確実性が低減するため，サンプルサイズは大きければ大きいほど望ましい。しかしながら，サンプルサイズの増加は研究コストの増加につながるため，事前に適切だと見なせるサンプルサイズを正当化して決定する必要がある。サンプルサイズを正当化する方法には様々なアプローチがあるが（Lakens, 2022），本章では効果量と関連の深い検定力分析の手法を紹介する。

10.1 検定力分析の仕組み

統計的帰無仮説検定（NHST）の枠組みにおいては，表10-1に示す第1種の誤りを犯す確率αと第2種の誤りを犯す確率βが存在する。統計的帰無仮説検定の結果は，これらの確率に加え，サンプルサイズNと効果量θによって決まる。すなわち，α，β，N，θという4つの指標が検定結果に関係する（水本・

表10-1 統計的帰無仮説検定における2種類の誤り

		真実	
		帰無仮説は正しい	帰無仮説は誤り
決定	帰無仮説を棄却	第1種の誤り（偽陽性） 確率はα（危険率）	正しい決定 確率は$1-\beta$（検定力）
	帰無仮説を棄却しない	正しい決定 確率は$1-\alpha$	第2種の誤り（偽陰性） 確率はβ

竹内，2011)。4つの指標のうち3つが決まると，残りの1つの値をどうすれば帰無仮説が棄却できるかが定まる。このような関係性を利用し，α，β，θ を固定して，帰無仮説を棄却するのに最低限必要なサンプルサイズ N を決定する手続きを**検定力分析**（sample power analysis）と呼ぶ。第一種の誤りを犯す確率 α は有意水準や**危険率**と呼ばれ，一般に0.05と設定される。また，$1-\beta$ は**検定力**（power）と呼ばれ，一般に0.80～0.95に設定される。どちらも特に根拠があるわけではない慣習にすぎないものだが，第2種の誤りよりも第1種の誤りを犯す確率を低く抑える方が研究上望ましいという考え方があるものと考えられる。どちらの誤りの確率も低く抑えたいと思うかもしれないが，α と β を同時に小さくすることはできない。例えば，$\alpha = 0.05, \beta = 0.20$ のt検定において，帰無仮説の下で検定統計量tが従うt分布と，対立仮説の下で検定統計量tが従う非心t分布は図10-1のような関係にある。

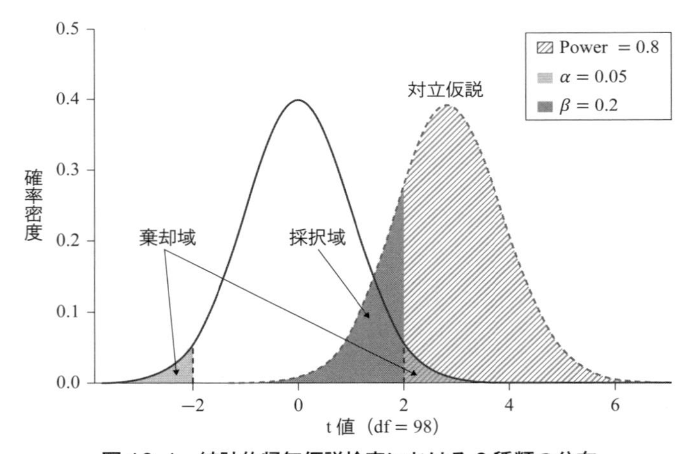

図10-1　統計的帰無仮説検定における2種類の分布

図10-1において，実線の分布は帰無仮説の下で検定統計量tが従うt分布を表している。臨界値 $|t|$=1.98を越えた部分は有意であると判断される範囲（棄却域）であり，その合計は危険率 $\alpha = 0.05$ になる。他方で，点線の分布は対立

仮説の下で検定統計量tが従う非心t分布を表している。非心t分布において臨界値 $t = 1.98$ を下回る範囲（採択域）は，対立仮説が正しい場合に誤って帰無仮説を採択してしまう確率 β になる。対立仮説が正しい場合に正しく帰無仮説を棄却できる確率（検定力）は斜線部の面積 $1 - \beta$ になる。ここで，危険率 α を小さくしようとすると，棄却域が大きくなる為，β が大きくなることが分かる。よって，α と β を同時に小さくすることはできない。

検定力分析に必要な残りのパラメータである効果量 θ は未知であるため，先行研究における標本効果量の分布や予備調査の結果，研究者が検出したい最小限の効果量の大きさなどから決定される。検定力分析において設定される効果量 θ は，統計的帰無仮説検定において検出できる（有意になる）最小限の効果量の大きさであり，かつ，研究者が研究上重要だと関心を持つ最小限の効果量の大きさを表しているため，**最小関心効果量**（smallest effect size of interest: SESOI）と呼ばれることもある（Anvari & Lakens, 2021; Lakens, 2014; Peetz et al., 2024）。

最小関心効果量を先行研究から決定する場合，効果量推定の不確実性が問題となる（Anderson et al., 2017）。不確実性が低い先行研究やメタ分析があれば，母効果量の点推定値を使用して，検定力分析を行うことができる。しかしながら，不確実性が高い場合は，信頼区間の下限値を使用して検定力分析を行った方が安全であろう。なぜなら，標本変動に伴い先行研究よりも小さい効果量だったとしても検出することが期待できるからである。先行研究の直接的追試を行う際には，元研究のサンプルサイズで $1 - \beta = 0.33$ となるような元研究よりも小さい効果量を採用することが提案されている（Simonsohn, 2015）。この方法は，Small Telescope Approach と呼ばれ，元研究の「新星*」発見が3回に1回程度の幸運だった可能性を考慮して，追試ではより大きな望遠鏡で「新星*」の存在をより確実に確認しようという発想である。

独立した2群の平均値差に関する Student のt検定を例として，危険率 $\alpha = 0.05$，検定力 $1 - \beta = 0.8$ という条件で，最小関心効果量 $\delta_s = 0.4$ を検出できる最低限のサンプルサイズを求めてみよう。ただしここでは，両群でサンプルサイズが等しいものとする。Rを用いて，サンプルサイズを1ずつ大きくしながら検定力を計算していき，検定力が0.8を超えたところで計算を止めるというコードを実行してみよう。

```
alpha <- 0.05 # 第1種の誤りを犯す確率（危険率）
beta <- 0.2   # 第2種の誤りを犯す確率
delta <- 0.4  # 母効果量

for (na in 3:10000) {
  nb <- na       # 両群のサンプルサイズが等しいと仮定
  N <- na + nb  # 全体のサンプルサイズ
  df <- N - 2 # 自由度
  lambda <- delta * sqrt(na * nb / (na + nb)) # 非心度パラメータ
  cv <- qt(p = 1 - alpha / 2, df = df)     # あるnの下での臨界値
  est.beta <- pt(q = cv, df = df, ncp = lambda) # あるnの下でのβ
  if (est.beta <= beta) {
    break  # 推定されたβが指定値を下回ったら終了する
  }
}
na  # 各群のサンプルサイズ
```

```
[1] 100
```

結果より，サンプルサイズが100に達したところで，検定力が0.8を超えたことが読み取れる。よって，各群100名に調査を行うことで，最小関心効果量$\delta_s = 0.4$を検出できることが明らかになった。既存の関数を利用しても結果は一致する。

```
library(pwr)
res1 <- pwr::pwr.t.test(
  sig.level = alpha, # 危険率α
  power = 1 - beta,  # 検定力1-β
  d = delta,         # 効果量δ_c
  type = "two.sample", # 独立した2標本のt検定
  alternative = "two.sided" # 両側検定
)
res1
```

```
     Two-sample t test power calculation

              n = 99.08032
              d = 0.4
      sig.level = 0.05
```

```
          power = 0.8
    alternative = two.sided

NOTE: n is number in *each* group
```

出力結果を見ると，$n = 99.08032$ となっているため，切り上げた 100 名が各群のサンプルサイズである。

最小関心効果量の大きさを変えながら任意の検定力を達成するのに必要なサンプルサイズを求めていくと図 10-2 のようになる。図 10-2 より，効果量が小さくなると検出に必要なサンプルサイズが大きくなることが読み取れる。

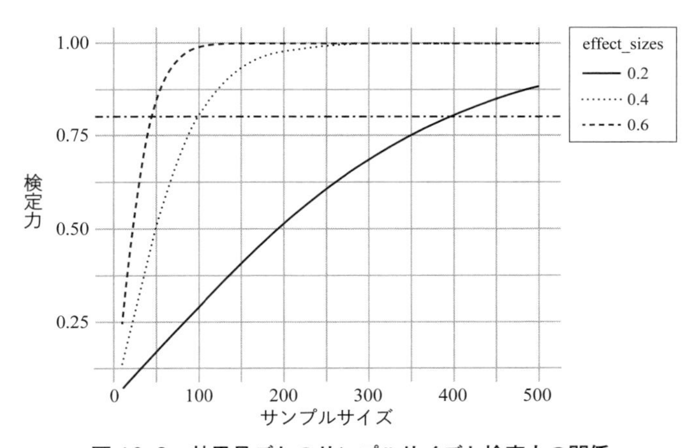

図 10-2　効果量ごとのサンプルサイズと検定力の関係

10.2　検定力分析の事例

本節では様々な種類の統計的帰無仮説検定に対応した検定力分析を事例的に紹介する。各事例を参考にそれぞれの数値を変更することで，簡単に検定力分析を実行できる。

10.2.1　1群の平均値のt検定

例題：

ある集団のIQの平均が100より高いかどうかを1群の平均値のt検定によって検討したい。危険率 $\alpha = 0.05$，検定力 $1 - \beta = 0.8$ で 効果量 $\delta_c = 0.4$ を検出したい場合，必要なサンプルサイズはどのくらいだろうか。

Rコードの例：

```
pwr::pwr.t.test(
  sig.level = 0.05,    # 危険率α
  power = 0.8,         # 検定力1- β
  d = 0.4,             # 効果量δc
  type = "one.sample", # 1標本のt検定
  alternative = "two.sided" # 両側検定
)
```

```
     One-sample t test power calculation

              n = 51.00945
              d = 0.4
      sig.level = 0.05
          power = 0.8
    alternative = two.sided
```

解答：

$N = 52$ のサンプルサイズが必要である。

10.2.2　独立した2群のt検定（等分散）

例題：

実験群と統制群の学力の平均に差があるかを独立した2群のt検定によって検討したい。両群の分散は等しいことを仮定し，Studentのt検定を行うものとする。危険率 $\alpha = 0.05$，検定力 $1 - \beta = 0.9$ で 効果量 $\delta_s = 0.4$ を検出した

い場合，必要なサンプルサイズはどのくらいだろうか。

Rコードの例：

```
pwr::pwr.t.test(
  sig.level = 0.05, # 危険率α
  power = 0.9,      # 検定力 1- β
  d = 0.4,          # 効果量 δs
  type = "two.sample", # 独立した2標本のt検定
  alternative = "two.sided" # 両側検定
)
```

```
     Two-sample t test power calculation

              n = 132.3105
              d = 0.4
      sig.level = 0.05
          power = 0.9
    alternative = two.sided

NOTE: n is number in *each* group
```

解答：

各群 $n = 133$ のサンプルサイズが必要である。

10.2.3　独立した2群のt検定（異分散）

例題：

実験群と統制群の抑うつの平均に差があるかを独立した2群のt検定によって検討したい。両群の分散は等しくないことを想定し，Welchのt検定を行うものとする。予備調査の結果から，実験群の標準偏差は1.5，統制群の標準偏差は1.0程度であることが示されている。危険率 $\alpha = 0.05$，検定力 $1 - \beta = 0.9$ で 効果量 $\delta_w = 0.4$ を検出したい場合，必要なサンプルサイズはどのくらいだろうか。

Rコードの例：

```
sd1  <- 1.5    # 実験群の標準偏差の想定
sd2 <-  1      # 統制群の標準偏差の想定
delta <- 0.4    # 母効果量δw
D <- delta * sqrt((sd1 ^ 2 + sd2 ^ 2) / 2) # 非標準化平均値差

library(MKpower)
MKpower::power.welch.t.test(
  sig.level = 0.05, # 危険率α
  power = 0.9,        # 検定力1-β
  delta = D,      # 非標準化平均値差
  alternative = "two.sided", # 両側検定
  sd1 = sd1,  # 実験群の標準偏差の想定
  sd2 = sd2   # 統制群の標準偏差の想定
)
```

```
     Two-sample Welch t test power calculation

              n = 132.4537
          delta = 0.509902
            sd1 = 1.5
            sd2 = 1
      sig.level = 0.05
          power = 0.9
    alternative = two.sided

NOTE: n is number in *each* group
```

解答：

各群 $n = 133$ のサンプルサイズが必要である。

10.2.4　対応のある2群のt検定

例題：

学習方略に関する介入の前後で平均に差があるかを対応のあるt検定によって検討したい。危険率 $\alpha = 0.05$，検定力 $1 - \beta = 0.9$ で 効果量 $\delta_z = 0.2$ を検出したい場合，必要なサンプルサイズはどのくらいだろうか。

Rコードの例：

```
pwr::pwr.t.test(
  sig.level = 0.05, # 危険率α
  power = 0.9,       # 検定力1-β
  d = 0.2,           # 効果量δz
  type = "paired", # 対応のあるt検定
  alternative = "two.sided" # 両側検定
)
```

```
     Paired t test power calculation

              n = 264.6137
              d = 0.2
      sig.level = 0.05
          power = 0.9
    alternative = two.sided

NOTE: n is number of *pairs*
```

解答：

$N = 265$ のサンプルサイズが必要である。

10.2.5　被験者間一要因分散分析（等分散）

例題：

被験者を3つの条件に無作為に割り当て，条件間で得点の平均に差があるかを等分散の被験者間一要因分散分析によって検討したい。危険率 $\alpha = 0.05$，検定力 $1 - \beta = 0.9$ で 効果量 $\phi = 0.2$ を検出したい場合，必要なサンプルサイズはどのくらいだろうか。

Rコードの例[1]：

```
pwr::pwr.anova.test(
```

1　決定係数の効果量 ρ^2 を検出したい場合は，$\phi = \sqrt{\frac{\rho^2}{1-\rho^2}}$ という関係性を利用して ρ^2 を ϕ へ変換して検定力分析を行えばよい。

```
  sig.level = 0.05, # 危険率α
  power = 0.9,       # 検定力 1- β
  k = 3,  # グループの数
  f = 0.2 # 効果量ϕ
)
```

```
     Balanced one-way analysis of variance power calculation

              k = 3
              n = 106.455
              f = 0.2
      sig.level = 0.05
          power = 0.9

NOTE: n is number in each group
```

解答：

各条件に $n = 107$ のサンプルサイズが必要である。

10.2.6 被験者間一要因分散分析（異分散）

例題：

被験者を 3 つの条件に無作為に割り当て，条件間で得点の平均に差があるかを被験者間一要因分散分析によって検討したい。群間で分散は等しくないことを想定し，Welch の分散分析を行うものとする。予備調査の結果から，3 つの群の平均は $\widehat{\boldsymbol{\mu}} = (2, 3, 5)$，分散は $\widehat{\boldsymbol{\sigma^2}} = (1, 36, 100)$，$\widehat{\phi_w} = 0.2$ であることが示されている。危険率 $\alpha = 0.05$，検定力 $1 - \beta = 0.9$ で 効果量 $\phi_w = 0.2$ を検出したい場合，必要なサンプルサイズはどのくらいだろうか。

R コードの例：

※ここでは，Guo & Luh（2008）の方法に基づく近似推定法を採用する。

```
alpha <- 0.05 # 危険率α
power <- 0.9  # 検定力 1- β
mu.vec <- c(2, 3, 5)      # 母平均ベクトルの想定
```

```
sigma2.vec <- c(1, 36, 100)    # 母分散ベクトルの想定
group <- length(mu.vec)  # グループの数

chi2 <- qchisq(df = group - 1,p = 0.05,lower.tail = F)
z.beta <- qnorm(1 - power, lower.tail = F)
ng <- (2 * sum(sigma2.vec) * (sqrt(chi2 - (group - 2)) + z.beta) ^
2)/(group * (max(mu.vec) - min(mu.vec)) ^ 2)
ng  # 各群のサンプルサイズ
```

```
[1] 125.4333
```

解答：

各条件に $n = 126$ のサンプルサイズが必要である。

10.2.7　被験者内一要因分散分析

例題：

英単語を学習した後，2か月おきに計4回の単語テストを実施した。テスト間で得点の平均に差があるかを被験者内一要因分散分析によって検討したい。危険率 $\alpha = 0.05$，検定力 $1 - \beta = 0.9$ で 効果量 $\phi = 0.2$ を検出したい場合，必要なサンプルサイズはどのくらいだろうか。ただし，球面性の仮定が満たされているものとする。

R コードの例：

```
library(WebPower)
WebPower::wp.rmanova(
  ng = 1, # グループの数
  nm = 4, # 測定の回数
  f = 0.2, # 効果量φ
  nscor = 1, # 非球面性修正項（球面性の過程が満たされる場合は1）
  alpha = 0.05, # 危険率α
  power = 0.9,  # 検定力1-β
  type = 1  # 1は被験者内の効果を表す
)
```

```
Repeated-measures ANOVA analysis

           n   f ng nm nscor alpha power
    355.5914 0.2  1  4     1  0.05   0.9

NOTE: Power analysis for within-effect test
URL: http://psychstat.org/rmanova
```

解答：

$N = 356$ のサンプルサイズが必要である。

10.2.8 被験者間二要因分散分析

例題：

認知テストを実施する時間帯（朝・昼・夜）と解答形式（紙・PC）がテスト結果にどのように影響するかを被験者間二要因分散分析によって検討したい。被験者を 3 × 2 の 6 条件に無作為に割り当て，条件間で人数は等しいものとする。危険率 $\alpha = 0.05$，検定力 $1 - \beta = 0.9$ で 時間帯の主効果の効果量 $\phi = 0.4$ を検出したい場合，必要なサンプルサイズはどのくらいだろうか。また，危険率 $\alpha = 0.05$，検定力 $1 - \beta = 0.9$ で 交互作用の効果量 $\phi = 0.2$ を検出したい場合，必要なサンプルサイズはどのくらいだろうか。

R コードの例：

```
# 時間帯の主効果
WebPower::wp.kanova(
  alpha = 0.05,  # 危険率α
  power = 0.9,  # 検定力1- β
  f = 0.4, # 効果量φ
  ndf = 2, # 分子の自由度 (3-1 = 2)
  ng = 6   # グループ（条件）の数
)
```

```
Multiple way ANOVA analysis
```

```
          n ndf       ddf   f ng alpha power
    82.28474   2 76.28474 0.4  6  0.05   0.9

NOTE: Sample size is the total sample size
URL: http://psychstat.org/kanova
```

```
# 交互作用効果
WebPower::wp.kanova(
  alpha = 0.05,  # 危険率α
  power = 0.9,  # 検定力1-β
  f = 0.2, # 効果量φ
  ndf = 2, # 分子の自由(3-1)*(2-1)=2
  ng = 6   # グループ（条件）の数
)
```

```
Multiple way ANOVA analysis

          n ndf       ddf   f ng alpha power
    319.3938   2 313.3938 0.2  6  0.05   0.9

NOTE: Sample size is the total sample size
URL: http://psychstat.org/kanova
```

解答：

時間帯の主効果を検討するためには，合計 $N = 83$（各条件 $n = 14$）のサンプルサイズが必要である。

交互作用効果を検討するためには，合計 $N = 320$（各条件 $n = 54$）のサンプルサイズが必要である。

10.2.9　二要因混合計画の分散分析

例題：

認知テストを実施する時間帯（朝・昼・夜）をランダムに割り当て，各個人が2つの解答形式（紙・PC）でテストに回答する。条件間で平均に差があるかを二要因混合計画の分散分析によって検討したい。時間帯の条件間で人数は等しいものとする。危険率 $\alpha = 0.05$，検定力 $1 - \beta = 0.9$ で以下の効果を検出したい場合，必要なサンプルサイズはどのくらいだろうか。ただし，球面性の仮定が満たされており，2つの解答形式間の相関は0.5であるものとする。

・時間帯の主効果（$\rho_p^2 = 0.04$）　被験者間要因
・解答形式の主効果（$\rho_p^2 = 0.04$）　被験者内要因
・交互作用効果（$\rho_p^2 = 0.04$）

Rコードの例：

```
# 時間帯の主効果（被験者間要因）
library(pwrss)
pwrss::pwrss.f.rmanova(
  alpha = 0.05, # 危険率α
  power = 0.9,  # 検定力1-β
  eta2 = 0.04,   # 効果量 偏相関比η²p
  n.levels = 3, # グループの数
  n.rm = 2,     # 個人の測定の回数
  corr.rm = 0.50,  # 測定間の相関
  type = "between" # 効果の種類
)
```

```
One-way Repeated Measures
 Analysis of Variance (F test)
 H0: eta2 = 0 (or f2 = 0)
 HA: eta2 > 0 (or f2 > 0)
 ------------------------------
 Number of levels (groups) = 3
 Number of repeated measurements = 2
 ------------------------------
  Statistical power = 0.9
  Total n = 231
 ------------------------------
 Type of the effect = "between"
 Numerator degrees of freedom = 2
 Denominator degrees of freedom = 227.796
 Non-centrality parameter = 12.822
 Type I error rate = 0.05
 Type II error rate = 0.1
```

```
# 解答形式の効果（被験者内要因）
```

```
library(pwrss)
pwrss::pwrss.f.rmanova(
  alpha = 0.05, # 危険率α
  power = 0.9,  # 検定力1-β
  eta2 = 0.04,    # 効果量 偏相関比ηp2
  n.levels = 3, # グループの数
  n.rm = 2,     # 個人の測定の回数
  epsilon = 1,  # 非球面性修正項（球面性の過程が満たされる場合は1）
  corr.rm = 0.50,  # 測定間の相関
  type = "within" # 効果の種類
)
```

```
------------------------------
 Number of levels (groups) = 3
 Number of repeated measurements = 2
 ------------------------------
  Statistical power = 0.9
  Total n = 66
 ------------------------------
 Type of the effect = “within”
 Numerator degrees of freedom = 1
 Denominator degrees of freedom = 62.059
 Non-centrality parameter = 10.843
 Type I error rate = 0.05
 Type II error rate = 0.1
```

```
# 交互作用効果
library(pwrss)
pwrss::pwrss.f.rmanova(
  alpha = 0.05, # 危険率α
  power = 0.9,  # 検定力1-β
  eta2 = 0.04,    # 効果量 偏相関比ηp2
  n.levels = 3, # グループの数
  n.rm = 2,     # 個人の測定の回数
  epsilon = 1,  # 非球面性修正項（球面性の過程が満たされる場合は1）
  corr.rm = 0.50,  # 測定間の相関
  type = "interaction" # 効果の種類
)
```

```
One-way Repeated Measures
 Analysis of Variance (F test)
 H0: eta2 = 0 (or f2 = 0)
 HA: eta2 > 0 (or f2 > 0)
 ------------------------------
```

```
Number of levels (groups) = 3
Number of repeated measurements = 2
------------------------------
 Statistical power = 0.9
 Total n = 80
------------------------------
Type of the effect = "interaction"
Numerator degrees of freedom = 2
Denominator degrees of freedom = 76.005
Non-centrality parameter = 13.167
Type I error rate = 0.05
Type II error rate = 0.1
```

解答：

時間帯の主効果を検討するためには，全体で $N = 231$（各条件 $n = 77$）のサンプルサイズが必要である。

解答形式の主効果を検討するためには，全体で $N = 66$（各条件 $n = 22$）のサンプルサイズが必要である。

交互作用効果を検討するためには全体で $N = 80$（各条件 $n = 27$）のサンプルサイズが必要である。

10.2.10　相関係数の検定

例題：

BigFive 性格特性のうち，誠実性と協調性に相関があるかを検討する相関係数の検定を行いたい。危険率 $\alpha = 0.05$，検定力 $1 - \beta = 0.9$ で効果量 $r = 0.2$ を検出したい場合，必要なサンプルサイズはどのくらいだろうか。

R コードの例：

```
pwr::pwr.r.test(
  sig.level = 0.05, # 危険率α
  power = 0.9,      # 検定力1- β
  r = 0.2,          # 効果量r
  )
```

```
     approximate correlation power calculation (arctangh
transformation)

              n = 257.756
              r = 0.2
      sig.level = 0.05
          power = 0.9
    alternative = two.sided
```

解答：

$N = 258$ のサンプルサイズが必要である。

10.2.11　カイ二乗検定

例題：

性別（男，女）と血液型（A, B, O, AB）に関連があるかを検討するカイ二乗検定（独立性の検定）を行いたい。危険率 $\alpha = 0.05$，検定力 $1 - \beta = 0.9$ で効果量 $\rho_v = 0.2$ を検出したい場合，必要なサンプルサイズはどのくらいだろうか。

R コードの例：

```
w <- effectsize::v_to_w(v = 0.2, nrow = 2, ncol = 4) # クラメールのv
からwへ変換
pwr::pwr.chisq.test(
  sig.level = 0.05, # 危険率α
  power = 0.9,      # 検定力1- β
  w = w,            # 効果量w
  df = 3            # 自由度(r-1)*(c-1)
  )
```

```
     Chi squared power calculation

              w = 0.2
              N = 354.2872
             df = 3
      sig.level = 0.05
```

```
          power = 0.9

NOTE: N is the number of observations
```

解答：

全体で $N = 355$ のサンプルサイズが必要である。

第11章 効果量を活用した研究の検討事項

本章では，効果量を活用した研究の検討事項について紹介する。効果量は調査実施後に算出するだけでなく，事前の検定力分析や研究結果の公表後のメタ分析にも活用される。研究の各過程において必要となる効果量関連の検討事項を順に紹介する。

11.1 調査前の検討事項

あらゆる研究は問いから始まるため，調査前に研究の問いを明確にすることは重要である。あなたが知りたいことは何か。また，あなたが知りたいことはどのような現象として観測できるのか。研究の問いが定まったらそれらの問いに答えるための研究デザインや効果量を注意深く検討していく。効果量の定義は「研究者が関心を持つ事柄の大きさ」であり，使用する効果量を検討することは研究者が何に関心を持っているのかを表現することでもある。

研究デザインと効果量が定まったら，それが何を反映している量なのかを注意深く検討する必要がある。第8章で紹介した通り，同じ効果量指標を用いても，研究デザインによって効果量の解釈は変わってくる。効果量が何を反映しているのかを検討する際には，領域ごとの専門的な知識も重要になる。

また，効果量に応じて，どのような仮定を置いたモデルなのかに注意を向ける必要がある。例えば，データの生成モデルに正規分布を仮定していた場合，研究で扱う現象がどこまでその仮定を満たすのか，仮定から逸脱する場合，効果量の推定にどのような影響が出るのかなどを検討しておく必要があるだろう。具体的には，予備調査によってデータ生成過程を検討したり，シミュレーションによってモデルの仮定からの逸脱の影響を評価することなどが考えられる。モデルの仮定からの逸脱が問題になる場合は，データの生成過程に応じて適切な統計量（効果量）を採用することや，第7章で紹介したより頑健な効果量を採用することも一案であろう。

統計的帰無仮説検定を行うことを予定している場合，研究において検出したい**最小関心効果量**を決定し，必要なサンプルサイズを見積もる必要がある。最小関心効果量の決定には，先行研究や予備調査の結果や，研究者がどこまでの大きさの効果量に関心があるか，研究予算の猶予などが関わってくる。最小関心効果量に基づき，検定力分析を行うことで，必要なサンプルサイズを決定することができる。

事前の検討においてもう1つ重要なのが，調査後の分析手続きや意思決定の基準を明確化しておくことである。調査後に自由に分析手法を変えられる研究者自由度を残すことは，p-hacking や HARKing といった，問題のある研究実践（QRPs）につながる（John et al., 2012; 平石・中村，2022）。QRPs は効果量の推定に影響を与え，効果量の分布を歪ませる可能性がある（Anderson & Liu, 2023）。調査後に行う分析手続きや意思決定の基準を明確化しておき，後から改変できない形で**事前登録**（pre-registration）しておくことが望ましい（Nosek et al., 2018）。

11.2　調査後の検討事項

調査後には，事前登録の内容に沿って分析を行い，効果量を算出する。その際，標本効果量は母効果量の推定量であることに留意し，推定の不確実性を検討する必要がある。例えば，標準誤差や信頼区間を示すことは不確実性を評価する上で重要な情報である。また，これらの情報は，第9章で紹介したメタ分析で効果量を統合する際にも役立つ。

効果量を推定したら，その推定値を解釈する必要がある。第8章で紹介した通り，効果量を解釈する際には，「どのような研究から得られたのか」「どのくらいの大きさなのか」「どのくらいの価値を持つのか」「どのくらい確実なのか」

といった視点から多角的な検討を行う必要がある。これらの検討を行う際には統計の知識のみならず，領域ごとの専門的な知識が重要になる。効果量の解釈は，特定のスタンダードに照らして研究から得られた効果量に「大きい」「小さい」といった判定を付けることで終わるものではないということを肝に銘じておきたい。

最後に，効果量に関連する情報をすべて公開する必要がある。どのような効果量指標をどのように計算したかを明示することは，分析手続きの再現性を担保する上で重要である。特に効果量の一部（e.g., Cohen's d）には，同じ名前で複数の計算方法を持つものがあり，計算方法を明確にすることが重要である。メタ分析の統合に向けては，効果量の点推定値のみならず，効果量の計算に必要な基礎統計量や効果量の標準誤差といった情報も重要になる。どのような情報を公開するべきか悩んだ際に最も有効な手段は，ローデータを公開しておくことである。ローデータを公開することは，研究の透明性や再現性を高めるのみならず，オープンサイエンスに貢献する重要な取り組みであり，強く推奨される。

ここまで，効果量を活用した研究の検討事項を紹介してきたが，実際の研究においては他にも様々な検討事項が考えられるだろう。効果量を活用したより良い研究を実現するために，本書の内容が少しでも参考になれば幸いである。

付録　様々な要因計画における効果量の計算式

様々な要因計画のデザインにおいて，各要因の主効果や交互作用効果の効果量をどのように計算すればよいかを以下の表に示す。表において，¯（バー）が付してある要因は被験者内要因であることを示す。また，SS は平方和，MS は平均平方，df は自由度，添え字の A は要因 A，B は要因 B，AB は要因 AB の交互作用，e は誤差，t は全体，s は個人を表す。なお，この表は Kroes & Finley (2023) を参考にして作成した。

デザイン	要因	決定係数 $\widehat{\omega^2}$	偏決定係数 $\widehat{\omega_p^2}$
一要因被験者間	A	$\frac{SS_A - (df_A \cdot MS_e)}{SS_t + MS_e}$	—
一要因被験者内	$\bar{A}$	$\frac{SS_A - (df_A \cdot MS_{A\cdot s})}{SS_t + MS_s}$	—
二要因被験者間	A	$\frac{SS_A - (df_A \cdot MS_e)}{SS_t + MS_e}$	$\frac{SS_A - (df_A \cdot MS_e)}{SS_A + (N - df_A) \cdot MS_e}$
	B	$\frac{SS_B - (df_B \cdot MS_e)}{SS_t + MS_e}$	$\frac{SS_B - (df_B \cdot MS_e)}{SS_B + (N - df_B) \cdot MS_e}$
	AB	$\frac{SS_{AB} - (df_{AB} \cdot MS_e)}{SS_t + MS_e}$	$\frac{SS_{AB} - (df_{AB} \cdot MS_e)}{SS_{AB} + (N - df_{AB}) \cdot MS_e}$
二要因被験者内	$\bar{A}$	$\frac{SS_A - (df_A \cdot MS_{A\cdot s})}{SS_t + MS_s}$	$\frac{SS_A - (df_A \cdot MS_{A\cdot s})}{SS_A + SS_{A\cdot s} + SS_s + MS_s}$
	$\bar{B}$	$\frac{SS_B - (df_B \cdot MS_{B\cdot s})}{SS_t + MS_s}$	$\frac{SS_B - (df_B \cdot MS_{B\cdot s})}{SS_B + SS_{B\cdot s} + SS_s + MS_s}$
	$\overline{AB}$	$\frac{SS_{AB} - (df_{AB} \cdot MS_{AB\cdot s})}{SS_t + MS_s}$	$\frac{SS_{AB} - (df_{AB} \cdot MS_{AB\cdot s})}{SS_{AB} + SS_{AB\cdot s} + SS_s + MS_s}$
二要因混合計画	A	$\frac{SS_A - (df_A \cdot MS_{s/A})}{SS_t + MS_{s/A}}$	$\frac{SS_A - (df_A \cdot MS_{s/A})}{SS_A + SS_{s/A} + MS_{s/A}}$
	$\bar{B}$	$\frac{SS_B - (df_B \cdot MS_{B\cdot s/A})}{SS_t + MS_{s/A}}$	$\frac{SS_B - (df_B \cdot MS_{B\cdot s/A})}{SS_B + SS_{B\cdot s/A} + SS_{s/A} + MS_{s/A}}$
	$A\bar{B}$	$\frac{SS_{AB} - (df_{AB} \cdot MS_{B\cdot s/A})}{SS_t + MS_{s/A}}$	$\frac{SS_{AB} - (df_{AB} \cdot MS_{B\cdot s/A})}{SS_{AB} + SS_{AB\cdot s/A} + SS_{s/A} + MS_{s/A}}$

例えば，二要因混合計画の分散分析において以下のような結果が得られたとする。

```
library(afex)
data(obk.long, package = "afex")
fit <- aov(value ~ treatment * phase + Error(id / phase), data =
obk.long)
summary(fit)
```

```
Error: id
          Df Sum Sq Mean Sq F value Pr(>F)
treatment  2  186.7   93.37   2.914   0.09 .
Residuals 13  416.6   32.04
---
Signif. codes:  0 '***' 0.001 '**' 0.01 '*' 0.05 '.' 0.1 ' ' 1

Error: id:phase
                Df Sum Sq Mean Sq F value   Pr(>F)
phase            2 167.50   83.75   23.63 1.42e-06 ***
treatment:phase  4  77.00   19.25    5.43  0.00258 **
Residuals       26  92.17    3.54
---
Signif. codes:  0 '***' 0.001 '**' 0.01 '*' 0.05 '.' 0.1 ' ' 1

Error: Within
           Df Sum Sq Mean Sq F value Pr(>F)
Residuals 192    314   1.635
```

この場合，要因 A（実験群 1・実験群 2・統制群）と要因 B（事前・事後・遅延）の交互作用の効果量 $\widehat{\omega_p^2}$ は，以下のように計算できる。

$$\widehat{\omega_p^2} = \frac{SS_{AB} - (df_{AB} \cdot MS_{B \cdot s/A})}{SS_{AB} + SS_{AB \cdot s/A} + SS_{s/A} + MS_{s/A}} = \frac{77 - (4 \cdot 3.54)}{77 + 92.17 + 416.6 + 32.04} = 0.1017$$

引用文献

Aitkin, M. A. (1964). Correlation in a singly truncated bivariate normal distribution. *Psychometrika*, *29*(3), 263–270. https://doi.org/10.1007/BF02289723

Albers, C., & Lakens, D. (2018). When power analyses based on pilot data are biased: Inaccurate effect size estimators and follow-up bias. *Journal of Experimental Social Psychology*, *74*, 187–195. https://doi.org/10.1016/j.jesp.2017.09.004

Algina, J., Keselman, H. J., & Penfield, R. D. (2005). An Alternative to Cohen's Standardized Mean Difference Effect Size: A Robust Parameter and Confidence Interval in the Two Independent Groups Case. *Psychological Methods*, *10*(3), 317–328. https://doi.org/10.1037/1082-989X.10.3.317

American Psychological Association. (2019). *Publication Manual of the American Psychological Association: The Official Guide to Apa Style* (Seventh edition.). American Psychological Association.

Anderson, S. F., Kelley, K., & Maxwell, S. E. (2017). Sample-Size Planning for More Accurate Statistical Power: A Method Adjusting Sample Effect Sizes for Publication Bias and Uncertainty. *Psychological Science*, *28*(11), 1547–1562. https://doi.org/10.1177/0956797617723724

Anderson, S. F., & Liu, X. (2023). Questionable research practices and cumulative science: The consequences of selective reporting on effect size bias and heterogeneity. *Psychological Methods*, No Pagination Specified-No Pagination Specified. https://doi.org/10.1037/met0000572

Anvari, F., Kievit, R., Lakens, D., Pennington, C. R., Przybylski, A. K., Tiokhin, L., Wiernik, B. M., & Orben, A. (2023). Not All Effects Are Indispensable: Psychological Science Requires Verifiable Lines of Reasoning for Whether an Effect Matters. *Perspectives on Psychological Science*, *18*(2), 503–507. https://doi.org/10.1177/17456916221091565

Anvari, F., & Lakens, D. (2021). Using anchor-based methods to determine the smallest effect size of interest. *Journal of Experimental Social Psychology*, *96*, 104159. https://doi.org/10.1016/j.jesp.2021.104159

Aoki, S. (2020). Effect sizes of the differences between means without assuming variance equality and between a mean and a constant. *Heliyon*, *6*(1), e03306. https://doi.org/10.1016/j.heliyon.2020.e03306

Baguley, T. (2009). Standardized or simple effect size: What should be reported? *British Journal of Psychology*, *100*(3), 603–617. https://doi.org/10.1348/000712608X377117

Bakker, A., Cai, J., English, L., Kaiser, G., Mesa, V., & Van Dooren, W. (2019). Beyond small, medium, or large: Points of consideration when interpreting effect sizes. *Educational Studies in Mathematics*, *102*(1), 1–8. https://doi.org/10.1007/s10649-019-09908-4

Ben-Shachar, M. S., Lüdecke, D., & Makowski, D. (2020). effectsize: Estimation of Effect Size Indices and Standardized Parameters. *Journal of Open Source Software*, *5*(56), 2815. https://doi.org/10.21105/joss.02815

Ben-Shachar, M. S., Patil, I., Thériault, R., Wiernik, B. M., & Lüdecke, D. (2023). Phi, Fei, Fo, Fum: Effect Sizes for Categorical Data That Use the Chi-Squared Statistic. *Mathematics*, *11*(9), Article 9. https://doi.org/10.3390/math11091982

Bergsma, W. (2013). A bias-correction for Cramér's V and Tschuprow's T. *Journal of the Korean Statistical Society*, *42*(3), 323–328. https://doi.org/10.1016/j.jkss.2012.10.002

Bloom, H. S., Hill, C. J., Black, A. R., & Lipsey, M. W. (2008). Performance Trajectories and Performance Gaps as Achievement Effect-Size Benchmarks for Educational Interventions. *Journal of Research on Educational Effectiveness*, *1*(4), 289–328. https://doi.org/10.1080/19345740802400072

Brunner, E., & Munzel, U. (2000). The Nonparametric Behrens-Fisher Problem: Asymptotic Theory and a Small-Sample Approximation. *Biometrical Journal*, *42*(1), 17–25. https://doi.org/10.1002/(SICI)1521-4036(200001)42:1<17::AID-BIMJ17>3.0.CO;2-U

Brydges, C. R. (2019). Effect Size Guidelines, Sample Size Calculations, and Statistical Power in Gerontology. *Innovation in Aging*, *3*(4), igz036. https://doi.org/10.1093/geroni/igz036

Carey, E. G., Ridler, I., Ford, T. J., & Stringaris, A. (2023). Editorial Perspective: When is a 'small effect' actually large and impactful? *Journal of Child Psychology and Psychiatry*, *64*(11), 1643–1647. https://doi.org/10.1111/jcpp.13817

Cohen, J. (1977). *Statistical Power Analysis for the Behavioral Sciences*. Academic Press.

Cohen, J. (1988). *Statistical Power Analysis for the Behavioral Sciences* (2nd ed.). Routledge.

Correll, J., Mellinger, C., McClelland, G. H., & Judd, C. M. (2020). Avoid Cohen's 'small', 'medium', and 'large' for power analysis. *Trends in Cognitive Sciences*, *24*(3), 200–207. https://doi.org/10.1016/j.tics.2019.12.009

Cramer, H. (1946). *Mathematical Methods of Statistics*. Princeton Univ Pr.

Cumming, G. (2012). *Understanding the new statistics: Effect sizes, confidence intervals, and meta-analysis*. Routledge/Taylor & Francis Group.

Cummings, P. (2011). Arguments for and Against Standardized Mean Differences (Effect Sizes). *Archives of Pediatrics & Adolescent Medicine*, *165*(7), 592–596. https://doi.org/10.1001/archpediatrics.2011.97

Delacre, M., Lakens, D., Ley, C., Liu, L., & Leys, C. (2021). *Why Hedges' g*s based on the non-pooled standard deviation should be reported with Welch's t-test*. PsyArXiv. https://doi.org/10.31234/osf.io/tu6mp

DerSimonian, R., & Laird, N. (1986). Meta-analysis in clinical trials. *Controlled Clinical Trials*, *7*(3), 177–188. https://doi.org/10.1016/0197-2456(86)90046-2

Dragicevic, P. (2020). *A Mean Difference is an Effect Size* [Research Report, Inria Saclay Ile de France]. https://inria.hal.science/hal-02905210

Dunn, O. J. (1961). Multiple Comparisons among Means. *Journal of the American Statistical*

Association, *56*(293), 52–64. https://doi.org/10.1080/01621459.1961.10482090

Durlak, J. A., Weissberg, R. P., Dymnicki, A. B., Taylor, R. D., & Schellinger, K. B. (2011). The Impact of Enhancing Students' Social and Emotional Learning: A Meta-Analysis of School-Based Universal Interventions. *Child Development*, *82*(1), 405–432. https://doi.org/10.1111/j.1467-8624.2010.01564.x

Everitt, B. S., & Skrondal, A. (2010). *The Cambridge Dictionary of Statistics*. Cambridge University Press.

Friese, M., & Frankenbach, J. (2020). P-Hacking and publication bias interact to distort meta-analytic effect size estimates. *Psychological Methods*, *25*(4), 456–471. https://doi.org/10.1037/met0000246

Frisvold, D. E. (2015). Nutrition and cognitive achievement: An evaluation of the School Breakfast Program. *Journal of Public Economics*, *124*, 91–104. https://doi.org/10.1016/j.jpubeco.2014.12.003

Funder, D. C., & Ozer, D. J. (2019). Evaluating Effect Size in Psychological Research: Sense and Nonsense. *Advances in Methods and Practices in Psychological Science*, *2*(2), 156–168. https://doi.org/10.1177/2515245919847202

Gignac, G. E., & Szodorai, E. T. (2016). Effect size guidelines for individual differences researchers. *Personality and Individual Differences*, *102*, 74–78. https://doi.org/10.1016/j.paid.2016.06.069

Glass, G. V., McGaw, B., & Smith, M. L. (1981). *Meta-Analysis in Social Research* (1st edition). SAGE Publications.

Greene, W. H. (2003). *Econometric Analysis*. Prentice Hall.

Grissom, R. J., & Kim, J. J. (2012). *Effect sizes for research: Univariate and multivariate applications, 2nd ed.* Routledge/Taylor & Francis Group.

Gunn, H. J., Grimm, K. J., & Edwards, M. C. (2020). Evaluation of Six Effect Size Measures of Measurement Non-Invariance for Continuous Outcomes. *Structural Equation Modeling: A Multidisciplinary Journal*, *27*(4), 503–514. https://doi.org/10.1080/10705511.2019.1689507

Guo, J.-H., & Luh, W.-M. (2008). Approximate Sample Size Formulas for Testing Group Mean Differences When Variances Are Unequal in One-Way ANOVA. *Educational and Psychological Measurement*, *68*(6), 959–971. https://doi.org/10.1177/0013164408318759

Guryan, J., Ludwig, J., Bhatt, M., Cook, P. J., Davis, J. M. V., Dodge, K., Farkas, G., Fryer, R. G., Mayer, S., Pollack, H. A., & Steinberg, L. (2021). *Not Too Late: Improving Academic Outcomes Among Adolescents* (SSRN Scholarly Paper 3802211). https://papers.ssrn.com/abstract=3802211

南風原朝和（2014）．続・心理統計学の基礎――統合的理解を広げ深める　有斐閣

南風原朝和・芝祐順（1987）．相関係数および平均値差の解釈のための確率的な指標　教育心理学研究，*35*(3)，259–265．https://doi.org/10.5926/jjep1953.35.3_259

Harrer, M., Cuijpers, P., Furukawa, T., & Ebert, D. (2021). *Doing Meta-Analysis with R: A Hands-On Guide* (第 1 版). Chapman and Hall/CRC.

Hays, W. L. (1963). *Statistics for psychologists.* Holt, Rinehart and Winston.

Heckman, J. J., Moon, S. H., Pinto, R., Savelyev, P. A., & Yavitz, A. (2010). The rate of return to the HighScope Perry Preschool Program. *Journal of Public Economics*, *94*(1), 114–128. https://doi.org/10.1016/j.jpubeco.2009.11.001

Hedges, L. V. (1981). Distribution Theory for Glass's Estimator of Effect Size and Related Estimators.

Journal of Educational Statistics, *6*(2), 107–128. https://doi.org/10.2307/1164588

Hedges, L. V. (2024). Interpretation of the Standardized Mean Difference Effect Size When Distributions Are Not Normal or Homoscedastic. *Educational and psychological Measurement*, 00131644241278928. https://doi.org/10.1177/00131644241278928

Hedges, L. V., & Olkin, I. (1985). *Statistical Methods for Meta-Analysis*. Academic Press.

Higgins, J. P. T., & Thompson, S. G. (2002). Quantifying heterogeneity in a meta-analysis. *Statistics in Medicine*, *21*(11), 1539–1558. https://doi.org/10.1002/sim.1186

平石界・中村大輝（2022）．心理学における再現性危機の 10 年　科学哲学，*54*(2)，27–50. https://doi.org/10.4216/jpssj.54.2_27

Huberty, C. J. (2002). A History of Effect Size Indices. *Educational and Psychological Measurement*, *62*(2), 227–240. https://doi.org/10.1177/0013164402062002002

Hunter, J. E., & Schmidt, F. L. (2004). *Methods of Meta-Analysis: Correcting Error and Bias in Research Findings*. SAGE.

Ialongo, C. (2016). Understanding the effect size and its measures. *Biochemia Medica*, *26*(2), 150–163. https://doi.org/10.11613/BM.2016.015

井上俊哉（2005）．T 検定の頑健性――t 検定を使える条件　東京家政大学附属臨床相談センター紀要，*5*，91–97.

Ives, B. (2003). Effect Size Use in Studies of Learning Disabilities. *Journal of Learning Disabilities*, *36*(6), 490–504. https://doi.org/10.1177/00222194030360060101

Jané, M. B. (2023). *Artifact Corrections for Effect Sizes*. https://matthewbjane.quarto.pub/artifact-corrections-for-effect-sizes/

John, L. K., Loewenstein, G., & Prelec, D. (2012). Measuring the Prevalence of Questionable Research Practices With Incentives for Truth Telling. *Psychological Science*, *23*(5), 524–532. https://doi.org/10.1177/0956797611430953

Kampenes, V. B., Dybå, T., Hannay, J. E., & Sjøberg, D. I. K. (2007). A systematic review of effect size in software engineering experiments. *Information and Software Technology*, *49*(11), 1073–1086. https://doi.org/10.1016/j.infsof.2007.02.015

Karch, J. D. (2021). Psychologists Should Use Brunner-Munzel's Instead of Mann-Whitney's U Test as the Default Nonparametric Procedure. *Advances in Methods and Practices in Psychological Science*, *4*(2), 2515245921999602. https://doi.org/10.1177/2515245921999602

Kelley, K., & Preacher, K. J. (2012). On effect size. *Psychological Methods*, *17*, 137–152. https://doi.org/10.1037/a0028086

Kelley, T. L. (1935). An Unbiased Correlation Ratio Measure. *Proceedings of the National Academy of Sciences*, *21*(9), 554–559. https://doi.org/10.1073/pnas.21.9.554

Keselman, H. J., Algina, J., Lix, L. M., Wilcox, R. R., & Deering, K. N. (2008). A generally robust approach for testing hypotheses and setting confidence intervals for effect sizes. *Psychological Methods*, *13*(2), 110–129. https://doi.org/10.1037/1082-989X.13.2.110

Kirk, R. E. (2005). Effect Size Measures. In *Encyclopedia of Statistics in Behavioral Science*. John Wiley & Sons. https://doi.org/10.1002/0470013192.bsa188

Kline, P., & Walters, C. R. (2016). Evaluating Public Programs with Close Substitutes: The Case of Head Start. *The Quarterly Journal of Economics*, *131*(4), 1795–1848. https://doi.org/10.1093/qje/

qjw027

Kraft, M. A. (2020). Interpreting Effect Sizes of Education Interventions. *Educational Researcher*, *49*(4), 241–253. https://doi.org/10.3102/0013189X20912798

Kraft, M. A., Blazar, D., & Hogan, D. (2018). The Effect of Teacher Coaching on Instruction and Achievement: A Meta-Analysis of the Causal Evidence. *Review of Educational Research*, *88*(4), 547–588. https://doi.org/10.3102/0034654318759268

Kroes, A. D. A., & Finley, J. R. (2023). Demystifying omega squared: Practical guidance for effect size in common analysis of variance designs. *Psychological Methods*. Advance online publication. https://doi.org/10.1037/met0000581

久保川達也（2017）．現代数理統計学の基礎　共立出版

Kulinskaya, E., & Staudte, R. G. (2006). Interval estimates of weighted effect sizes in the one-way heteroscedastic ANOVA. *British Journal of Mathematical and Statistical Psychology*, *59*(1), 97–111. https://doi.org/10.1348/000711005X68174

Lakens, D. (2013). Calculating and reporting effect sizes to facilitate cumulative science: A practical primer for t-tests and ANOVAs. *Frontiers in Psychology*, *4*, 863. https://www.frontiersin.org/articles/10.3389/fpsyg.2013.00863

Lakens, D. (2014). Performing high-powered studies efficiently with sequential analyses. *European Journal of Social Psychology*, *44*(7), 701–710. https://doi.org/10.1002/ejsp.2023

Lakens, D. (2022). Sample Size Justification. *Collabra: Psychology*, *8*(1), 33267. https://doi.org/10.1525/collabra.33267

Lenth, R. V. (2001). Some Practical Guidelines for Effective Sample Size Determination. *The American Statistician*, *55*(3), 187–193. https://doi.org/10.1198/000313001317098149

Li, J. C.-H. (2016). Effect size measures in a two-independent-samples case with nonnormal and nonhomogeneous data. *Behavior Research Methods*, *48*(4), 1560–1574. https://doi.org/10.3758/s13428-015-0667-z

Liu, Q., & Wang, L. (2021). T-Test and ANOVA for data with ceiling and/or floor effects. *Behavior Research Methods*, *53*(1), 264–277. https://doi.org/10.3758/s13428-020-01407-2

Lortie-Forgues, H., & Inglis, M. (2019). Rigorous Large-Scale Educational RCTs Are Often Uninformative: Should We Be Concerned? *Educational Researcher*, *48*(3), 158–166. https://doi.org/10.3102/0013189X19832850

Lovakov, A., & Agadullina, E. R. (2021). Empirically derived guidelines for effect size interpretation in social psychology. *European Journal of Social Psychology*, *51*(3), 485–504. https://doi.org/10.1002/ejsp.2752

Maxwell, S. E., Delaney, H. D., & Kelley, K. (2017). *Designing Experiments and Analyzing Data: A Model Comparison Perspective, Third Edition* (3rd ed.). Routledge.

McGrath, R. E., & Meyer, G. J. (2006). When effect sizes disagree: The case of r and d. *Psychological Methods*, *11*(4), 386–401. https://doi.org/10.1037/1082-989X.11.4.386

McGraw, K. O., & Wong, S. P. (1992). A common language effect size statistic. *Psychological Bulletin*, *111*(2), 361–365. https://doi.org/10.1037/0033-2909.111.2.361

McMillan, J. H., & Foley, J. (2011). Reporting and Discussing Effect Size: Still the Road Less Traveled? *Practical Assessment, Research & Evaluation*, *16*(14). https://doi.org/10.7275/b6pz-

ws55
水本篤・竹内理（2011）．効果量と検定力分析入門：統計的検定を正しく使うために　2010 年度部会報告論集「より良い外国語教育のための方法」，47–73.
Mordkoff, J. T. (2019). A Simple Method for Removing Bias From a Popular Measure of Standardized Effect Size: Adjusted Partial Eta Squared. *Advances in Methods and Practices in Psychological Science*, *2*(3), 228–232. https://doi.org/10.1177/2515245919855053
永田靖（2003）．サンプルサイズの決め方　朝倉書店
Nakagawa, S., & Cuthill, I. C. (2007). Effect size, confidence interval and statistical significance: A practical guide for biologists. *Biological Reviews*, *82*(4), 591–605. https://doi.org/10.1111/j.1469-185X.2007.00027.x
Nosek, B. A., Ebersole, C. R., DeHaven, A. C., & Mellor, D. T. (2018). The preregistration revolution. *Proceedings of the National Academy of Sciences*, *115*(11), 2600–2606. https://doi.org/10.1073/pnas.1708274114
Okada, K. (2013). Is Omega Squared Less Biased? A Comparison of Three Major Effect Size Indices in One-Way Anova. *Behaviormetrika*, *40*(2), 129–147. https://doi.org/10.2333/bhmk.40.129
Olejnik, S., & Algina, J. (2003). Generalized Eta and Omega Squared Statistics: Measures of Effect Size for Some Common Research Designs. *Psychological Methods*, *8*(4), 434–447. https://doi.org/10.1037/1082-989X.8.4.434
Onwuegbuzie, A. J., Levin, J. R., & Leech, N. L. (2003). Do Effect-Size Measures Measure up?: A Brief Assessment. *Learning Disabilities: A Contemporary Journal*, *1*(1), 37–40.
大久保街亜・岡田謙介（2012）．伝えるための心理統計――効果量・信頼区間・検定力　勁草書房
Pacaci, C., Ustun, U., & Ozdemir, O. F. (2023). Effectiveness of conceptual change strategies in science education: A meta-analysis. *Journal of Research in Science Teaching*, Advance online publication. https://doi.org/10.1002/tea.21887
Page, M. J., Sterne, J. A. C., Higgins, J. P. T., & Egger, M. (2021). Investigating and dealing with publication bias and other reporting biases in meta-analyses of health research: A review. *Research Synthesis Methods*, *12*(2), 248–259. https://doi.org/10.1002/jrsm.1468
Panzarella, E., Beribisky, N., & Cribbie, R. A. (2021). Denouncing the use of field-specific effect size distributions to inform magnitude. *PeerJ*, *9*. https://doi.org/10.7717/peerj.11383
Paule, R. C., & Mandel, J. (1982). Consensus Values and Weighting Factors. *Journal of Research of the National Bureau of Standards*, *87*(5), 377–385. https://doi.org/10.6028/jres.087.022
Paunesku, D., Walton, G. M., Romero, C., Smith, E. N., Yeager, D. S., & Dweck, C. S. (2015). Mind-Set Interventions Are a Scalable Treatment for Academic Underachievement. *Psychological Science*, *26*(6), 784–793. https://doi.org/10.1177/0956797615571017
Peetz, H. K., Primbs, M., Dudda, L., Andresen, P. K., Pennington, C. R., Westwood, S., & Buchanan, E. M. (2024). *Evaluating Interventions: A Practical Primer for Specifying the Smallest Effect Size of Interest*. https://doi.org/10.31234/osf.io/3qmj4
Pek, J., & Flora, D. B. (2018). Reporting effect sizes in original psychological research: A discussion and tutorial. *Psychological Methods*, *23*(2), 208–225. https://doi.org/10.1037/met0000126
Preacher, K. J., & Kelley, K. (2011). Effect size measures for mediation models: Quantitative strategies

for communicating indirect effects. *Psychological Methods*, *16*, 93–115. https://doi.org/10.1037/a0022658

Puma, M., Bell, S., Cook, R., Heid, C., Shapiro, G., Broene, P., Jenkins, F., Fletcher, P., Quinn, L., Friedman, J., Ciarico, J., Rohacek, M., Adams, G., & Spier, E. (2010). Head Start Impact Study. Final Report. In *Administration for Children & Families*. Administration for Children & Families. Retrieved March 15, 2024 from https://eric.ed.gov/?id=ED507845

Rosenthal, R. (1994). Parametric Measures of Effect Size. In H. Cooper & L. V. Hedges (Eds.), *Handbook of Research Synthesis* (pp. 231–244). Russell Sage Foundation.

Ruiz-Primo, M. A., Shavelson, R. J., Hamilton, L., & Klein, S. (2002). On the evaluation of systemic science education reform: Searching for instructional sensitivity. *Journal of Research in Science Teaching*, *39*(5), 369–393. https://doi.org/10.1002/tea.10027

Savelsbergh, E. R., Prins, G. T., Rietbergen, C., Fechner, S., Vaessen, B. E., Draijer, J. M., & Bakker, A. (2016). Effects of innovative science and mathematics teaching on student attitudes and achievement: A meta-analytic study. *Educational Research Review*, *19*, 158–172. https://doi.org/10.1016/j.edurev.2016.07.003

Sawilowsky, S. (2005). Abelson's paradox and the Michelson-Morley experiment. *Journal of Modern Applied Statistical Methods*, *4*(1), 352. https://doi.org/10.22237/jmasm/1114907520

Sawilowsky, S. (2009). New Effect Size Rules of Thumb. *Journal of Modern Applied Statistical Methods*, *8*(2), 597–599. https://doi.org/10.22237/jmasm/1257035100

Sawilowsky, S. S., & Blair, R. C. (1992). A more realistic look at the robustness and Type II error properties of the t test to departures from population normality. *Psychological Bulletin*, *111*(2), 352–360. https://doi.org/10.1037/0033-2909.111.2.352

Schäfer, T., & Schwarz, M. A. (2019). The Meaningfulness of Effect Sizes in Psychological Research: Differences Between Sub-Disciplines and the Impact of Potential Biases. *Frontiers in Psychology*, *10*, 813. https://www.frontiersin.org/articles/10.3389/fpsyg.2019.00813

Shieh, G. (2010). Estimation of the simple correlation coefficient. *Behavior Research Methods*, *42*(4), 906–917. https://doi.org/10.3758/BRM.42.4.906

Shieh, G. (2013). Confidence intervals and sample size calculations for the weighted eta-squared effect sizes in one-way heteroscedastic ANOVA. *Behavior Research Methods*, *45*(1), 25–37. https://doi.org/10.3758/s13428-012-0228-7

椎名乾平（2016）．相関係数の起源と多様な解釈　心理学評論，*59*（4），415–444. https://doi.org/10.24602/sjpr.59.4_415

清水邦夫（2020）．相関係数　近代科学社

Šidák, Z. (1967). Rectangular Confidence Regions for the Means of Multivariate Normal Distributions. *Journal of the American Statistical Association*, *62*(318), 626–633. https://doi.org/10.1080/01621459.1967.10482935

Sidik, K., & Jonkman, J. N. (2005). Simple heterogeneity variance estimation for meta-analysis. *Journal of the Royal Statistical Society Series C*, *54*(2), 367–384.

Sidik, K., & Jonkman, J. N. (2019). A note on the empirical Bayes heterogeneity variance estimator in meta-analysis. *Statistics in Medicine*, *38*(20), 3804–3816. https://doi.org/10.1002/sim.8197

Simmons, J. P., Nelson, L. D., & Simonsohn, U. (2011). False-Positive Psychology: Undisclosed

Flexibility in Data Collection and Analysis Allows Presenting Anything as Significant. *Psychological Science*, *22*(11), 1359–1366. https://doi.org/10.1177/0956797611417632

Simonsohn, U. (2015). Small Telescopes: Detectability and the Evaluation of Replication Results. *Psychological Science*, *26*(5), 559–569. https://doi.org/10.1177/0956797614567341

Suero, M., Botella, J., & Durán, J. I. (2023). Methods for estimating the sampling variance of the standardized mean difference. *Psychological Methods*, *28*(4), 895–904. https://doi.org/10.1037/met0000446

杉浦成昭（1981）．共通 1 次試験総合得点に対する分布のあてはめ ii　応用統計学，*10*（1），39–52．https://doi.org/10.5023/jappstat.10.39

Viechtbauer, W. (2005). Bias and Efficiency of Meta-Analytic Variance Estimators in the Random-Effects Model. *Journal of Educational and Behavioral Statistics*, *30*(3), 261–293. https://doi.org/10.3102/10769986030003261

Welch, B. L. (1938). The Significance of the Difference Between Two Means when the Population Variances are Unequal. *Biometrika*, *29*(3/4), 350–362. https://doi.org/10.2307/2332010

Welch, B. L. (1951). On the Comparison of Several Mean Values: An Alternative Approach. *Biometrika*, *38*(3/4), 330–336. https://doi.org/10.2307/2332579

Whisman, M. A., Judd, C. M., Whiteford, N. T., & Gelhorn, H. L. (2013). Measurement Invariance of the Beck Depression Inventory–Second Edition (BDI-II) Across Gender, Race, and Ethnicity in College Students. *Assessment*, *20*(4), 419–428. https://doi.org/10.1177/1073191112460273

Wiernik, B. M., & Dahlke, J. A. (2020). Obtaining Unbiased Results in Meta-Analysis: The Importance of Correcting for Statistical Artifacts. *Advances in Methods and Practices in Psychological Science*, *3*(1), 94–123. https://doi.org/10.1177/2515245919885611

Wilcox, R. R. (1993). Some results on a Winsorized correlation coefficient. *British Journal of Mathematical and Statistical Psychology*, *46*(2), 339–349. https://doi.org/10.1111/j.2044-8317.1993.tb01020.x

Wilcox, R. R. (2021). *Introduction to Robust Estimation and Hypothesis Testing* (5th ed.). Academic Press.

Wilkinson, L., & Task Force on Statistical Inference. (1999). Statistical methods in psychology journals: Guidelines and explanations. *American Psychologist*, *54*, 594–604. https://doi.org/10.1037/0003-066X.54.8.594

Yeager, D. S., Hanselman, P., Walton, G. M., Murray, J. S., Crosnoe, R., Muller, C., Tipton, E., Schneider, B., Hulleman, C. S., Hinojosa, C. P., Paunesku, D., Romero, C., Flint, K., Roberts, A., Trott, J., Iachan, R., Buontempo, J., Yang, S. M., Carvalho, C. M., ... Dweck, C. S. (2019). A national experiment reveals where a growth mindset improves achievement. *Nature*, *573*, 364–369. https://doi.org/10.1038/s41586-019-1466-y

Yuen, K. K., & Dixon, W. J. (1973). The approximate behaviour and performance of the two-sample trimmed t. *Biometrika*, *60*(2), 369–374. https://doi.org/10.1093/biomet/60.2.369

索　引

執筆者紹介

中村大輝（なかむら　だいき）

宮崎大学教育学部　講師
博士（教育学）

1992年，東京都生まれ。2022年，広島大学大学院教育学研究科博士課程後期修了。2023年より現職。専門は科学教育，理科教育，教育心理学。特に科学的思考力の育成や，現代的な教育測定法の開発などの研究を行っている。教育に関する事象を定量的に扱うために独学で心理統計を学んだ経験を活かし，統計手法を分かりやすく紹介することにも取り組んでいる。好きな確率分布はt分布。

[著書]

『生成AIで進化する理科教育―導入から実践までの完全ガイド―』（編著，東洋館出版社，2024）

『理論と実践をつなぐ理科教育学研究の展開』（共著，東洋館出版社，2022）

『中等理科教育（新・教職課程演習）』（共著，協同出版，2021）

『初等理科教育（新・教職課程演習）』（共著，協同出版，2021）

心理学・教育学研究のための効果量入門
――Rを用いた実践的理解

2025年 1月 20日 初版第1刷発行

著 者 中 村 大 輝

発行所 ㈱北大路書房
〒603-8303 京都市北区紫野十二坊町12-8
電話代表 (075)431-0361
F A X (075)431-9393
振替口座 01050-4-2083

Printed in Japan
ISBN978-4-7628-3261-1
装丁／白沢 正
印刷・製本／創栄図書印刷（株）
落丁・乱丁本はお取り替えいたします。
定価はカバーに表示してあります。

北大路書房の好評関連書

エピソードで学ぶ
統計リテラシー

高校から大学，社会へとつながる
データサイエンス入門

山田剛史，金森保智（編著）

A5 判・216 頁・本体 2,100 円＋税
ISBN978-4-7628-3209-3　C1041

朝食を食べないと学力は下がる？　身近な話題から統計の知識とスキルを学ぶ。「問題」「読み解くポイント」「まとめ」「もっと深める」「重要ワード」で各章を展開。数学的センスとクリティカル・シンキングの力を養う。

Rを使った〈全自動〉
統計データ分析ガイド

フリーソフト js-STAR_XR の手引き

田中　敏（著）

A5 判・272 頁・本体 3,000 円＋税
ISBN978-4-7628-3148-5　C1033

js-STAR_XR は統計分析システム R を誰もが簡単に使えるフリーソフト。度数や平均値の分析などに加え，計算結果の読取りとレポートの作成までをも自動化する。ソフトの使用法からレポートの仕上げ方までガイド。

Rを使った〈全自動〉
ベイズファクタ分析

js-STAR_XR＋でかんたんベイズ仮説検定

田中　敏，中野博幸（著）

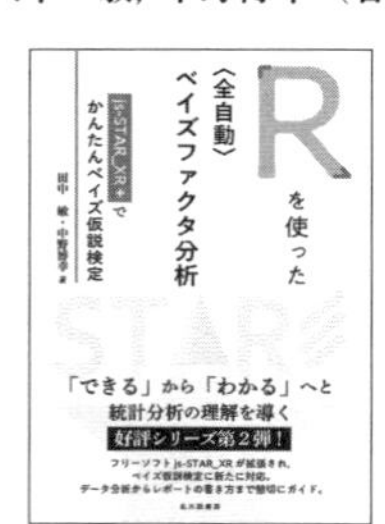

A5 判・244 頁・本体 3,200 円＋税
ISBN978-4-7628-3199-7　C1033

好評〈全自動〉シリーズ第２弾！　js-STAR_XR が拡張され，近年関心が高まるベイズ仮説検定に新たに対応。巻末には半期や全７回の授業用シラバスを収載。データ分析からレポートの書き方まで懇切にガイドする。

Rによる心理学研究法入門

山田剛史（編著）

A5 判・272 頁・本体 2,700 円＋税
ISBN978-4-7628-2884-3　C3011

心理学研究モデル論文集，心理学研究入門，R の分析事例編の３つの顔を持つテキスト。実際の研究例をもとに，研究法の基礎，研究計画立案のための背景や目的，データ収集の手続き，R でのデータ分析などを詳しく紹介。

（税抜き価格で表示しています。）